中国少数民族人口丛书

壮族

翟振武 主编
冯 艺/著

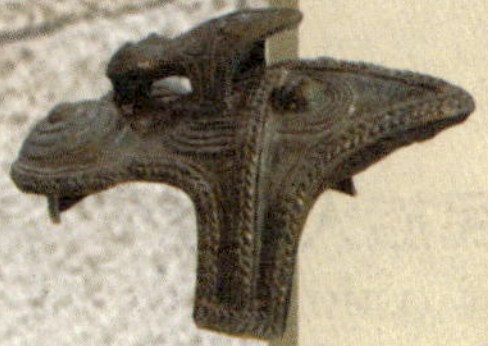

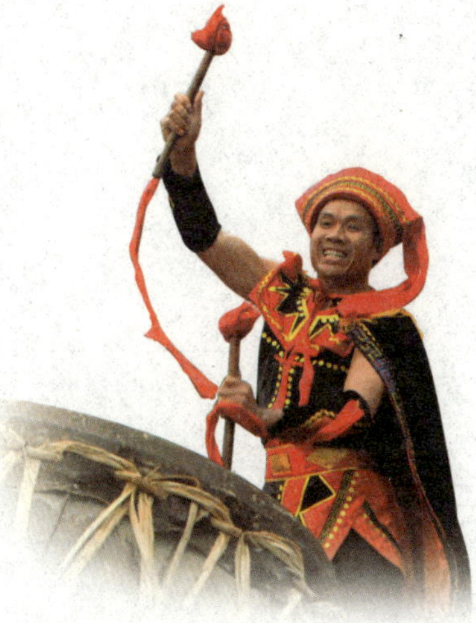

图书在版编目（CIP）数据

壮族/冯艺著．—北京：中国人口出版社，2012.12（2022.7重印）
（中国少数民族人口丛书）
ISBN 978-7-5101-0547-0

Ⅰ．①壮…　Ⅱ．①冯…　Ⅲ．①壮族—民族文化—中国
Ⅳ．①K281.8

中国版本图书馆 CIP 数据核字（2012）第 047800 号

中国少数民族人口丛书　壮族

ZHONGGUO SHAOSHU MINZU RENKOU CONGSHU　ZHUANGZU

翟振武　主编　冯　艺　著

责任编辑　曾迎新
美术编辑　刘海刚
责任印制　林　鑫　王艳如
出版发行　中国人口出版社
印　　刷　北京兴星伟业印刷有限公司
开　　本　710 毫米 ×1000 毫米　1/16
印　　张　11　插 1
字　　数　148 千字
版　　次　2012 年 12 月第 1 版
印　　次　2022 年 7 月第 2 次印刷
书　　号　ISBN 978-7-5101-0547-0
定　　价　45.00 元

网　　址　www.rkcbs.com.cn
电子信箱　rkcbs@126.com
总编室电话　(010) 83519392
发行部电话　(010) 83510481
传　　真　(010) 83538190
地　　址　北京市西城区广安门南街 80 号中加大厦
邮　　编　100054

序

如果把一个民族比作一颗星星，那我们就是生活在一个繁星满天的世界。当今世界上有约 3000 个民族，分布在 200 多个国家和地区，绝大多数国家由多个民族组成。中国也是同样，是由各族人民共同缔造的统一的多民族国家。在漫漫的历史长河中，生活在中华大地上的各族人民密切往来、交流融合、团结奋斗、休戚与共，形成了一个伟大的强盛的中华民族大家庭，共同开发了祖国的美好河山，共同推动了国家的发展和社会的进步。

在中华民族的大家庭中，有 56 个成员，其中有 55 个是少数民族。新中国成立以来，少数民族人口一直持续增长。1953 年第一次全国人口普查时，少数民族人口总数为 3532 万人，占全国总人口的 6.1％。2010 年进行第六次全国人口普查时，少数民族人口总量达到了 1.14 亿，几乎是 1953 年的 3 倍，占到了全国 13.4 亿人口的 8.5％。各少数民族人口数量相差较大，如壮族有 1693 万人，回族 1059 万人，满族 1039 万人，维吾尔族 1007 万人，而赫哲族只有 5354 人，塔塔尔族 3556 人，独龙族 6930 人。中国各民族的人口分布呈现大散居、小聚居、交错杂居的特点。汉族地区有少数民族聚居，少数民族地区也有汉族居住；许多少数民族既有一块或几块聚居区，又散居全国各地。中国少数民族聚居区大都地广人稀，资源富集。少数民族地区的草原面积，森林和水力资源蕴藏量，以及天然气等基础储量，均超过或接近全国的一半。全国 2.2 万多公里陆地边界线中的 1.9 万公里在民族地区。全国的国家级自然保护区面积中民族地区占到 85％以上，是国家的重要生态屏障。中国各民族的起源和经济、社会、文化的发展有着本土性、多元性、多样性的特点，五彩缤纷，丰富多彩。

要全面认识中华民族，就要从认识每一个民族开始。正是从这个理念出发，我们编写了这套《中国少数民族人口》大型系列丛书，力图从历史、文化、经济、社会等各个方面，用准确、科学、生动的语言，全方位描述和展现各少数民族灿烂辉煌的历史和现状，编织出一幅绚丽多彩的中华民族大家庭的“全家福”。

编写这样一套大型系列丛书，难度非同一般。几经论证和深入研讨，最终形成了编写大纲，这套丛书各个分卷的作者绝大多数由少数民族作家担任，他们不仅熟悉自己民族的历史和文化，而且对本民族有深厚的感情。在国家新闻出版总署、国家人口计生委和中国人口出版社的大力支持下，作者们历经数年，几易其稿，终成此书。值此丛书出版之际，我们衷心地祈愿这幅“全家福”能为民族的交流和团结，为中国的文化建设，为整个中华民族的繁荣昌盛，作出一份微薄的贡献。

程振武

2012 年 5 月于北京

PREFACE

Every nationality sparkles like a star in the firmament. Now we have about 3000 stars distributed across the world in more than 200 countries, most of which are multinational. So is China, which consists of a number of nationalities. For centuries, all the nationalities have lived together, worked together and fought together, making China a prosperous unified multinational country.

Of all the 56 nationalities in China, 55 are minorities whose population has been increasing since the founding of The People's Republic of China. According to the first census in 1953, the minority population was about 35. 32 million, accounting for 6. 1 percent of China's total population. By 2010, the number had almost tripled. According to the sixth census, the population of the minorities amounted to 114 million, making up 8. 5 percent of the 1. 34 billion people in China. The population size of minority groups varies a lot. Some of them have a large population, for example, the Zhuang Nationality has a population of 16. 93 million; the Hui has 10. 59 million people and the Manchu consists of 10. 39 million people. Some of the minorities are quite small, such as the Hezhe, the Tatar and the Drung nationalities, which have populations of 5354, 3556 and 6930, respectively. China's nationalities live together over vast areas with some living in individual, concentrated communities in small areas.

Some minorities'concentrated communities are scattered among the Hans, and some Han people also live in the minority communities. Some minorities may have one or more concentrated communities, while their people spread all over the country. Most minorities'concentrated communities have their people sparsely distributed in large areas with abundant resources. The grassland, forest, water and natural gas reserves in areas inhabited by minority people account for about half of China's total. Further, 19 000 kilometers of the nation's 22 000-kilometer land boundary are in minorities'communities. In addition, 85 percent of the country's state-level natural reserves are in the minority areas, making the people important guardians of China's ecology. Each of the nationalities'origin is unique, and their development of economy, society and culture is full of variety.

Only by learning every aspect of the minorities'lifestyle can we have a comprehensive understanding of the Chinese nation. Under this notion, we write this series of books on the Population of China's Minorities to provide a detailed picture of our Chinese nation, with the glorious past and prosperous present of the country's minorities.

It is through trials and tribulations that we write this spectacular series of books. Most of the authors, who have profound knowledge of the minorities and wrote the books with their strong emotions, are members of minority groups. With the great support of the National Publication Foundation, the National Population and Family Planning Commission and China Population Publishing House, the authors completed the books after years of unremitting endeavor.

On the publication of this series of books, we are looking forward to seeing these books contribute to the unity of the Chinese nation and help our country flourish in the future.

Zhenwu Zhai
Beijing
May 2012

目录

序　曲　风向红土 …………………………………………… 1

第一章　行走两千年 ………………………………………… 7

第一节　一条长长的父亲河 ……………………………… 7

第二节　风吹古道见脚印 ………………………………… 15

第三节　左江的故事 ……………………………………… 20

第四节　壮阔的右江 ……………………………………… 26

第五节　家在山水间 ……………………………………… 33

第二章　壮人的格调 ………………………………………… 43

第一节　山歌好比春江水 ………………………………… 43

第二节　洒落在宣纸上的泪水 …………………………… 49

第三节　幸福织在锦绣里 ………………………………… 53

第四节　自然的，没有夸饰 ……………………………… 59

第五节　飘香的“米”食 ………………………………… 67

第三章　花开花落 …… 73
第一节　鼓舞的力量 …… 73
第二节　庄严与神圣 …… 80
第三节　多情的节日 …… 85
第四节　别样的婚嫁 …… 89
第五节　生礼与死赞 …… 96
第六节　从不同走向共同 …… 102

第四章　穿越中的灵光 …… 111
第一节　荔红蔗甜稻花香 …… 111
第二节　开卷启明 …… 116
第三节　神奇的百草与银针 …… 124
第四节　干栏，“人居其上” …… 131
第五节　远逝的威严 …… 137
第六节　追寻海上丝绸之路 …… 143

尾声　从山到海 …… 151
参考文献 …… 160

Contents

Prelude A Revival Nationality ········· 1

Chapter I The Two-Thousand-Year History Created by the Zhuang Nationality ········· 7

Section I The Long "Father River" of the Zhuang Nationality: Hongshui River ········· 7

Section II The Ancient Transport Path: Xiang-Gui Corridor ········· 15

Section III The History Witnessed by the 'Zuo River' ········· 20

Section IV The Wide 'You River', with a Drainage Basin Full of Stories ········· 26

Section V The Beautiful Landscape of the Zhuang's Homeland ········· 33

Chapter II The Traditional Life of the Zhuang's ················ 43
Section I The Zhuang's Folk Songs: a Precious Cultural Heritage ······································· 43
Section II Tian Qin, the Beautiful Lyra in the Zhuang's Firmame ··· 49
Section III The Embroidery, Weaving the Happy Lives of the Zhuang's Women ························· 53
Section IV The Traditional Costume of the Zhuang, the Clothes Gifted by the Nature ············· 59
Section V The Zhuang's Rice Diet, with Dozens of Ways to Have ··································· 66

Chapter III The Culture of the Zhuang Nationality ··········· 73
Section I The Bronze Drum, both the Musical Instruments And Cult Objects ······················· 73
Section II From Matriarchy to Patriarchy, with the 'Dulao' Institution ································· 79
Section III Mar 3rd, the Day of Singing Love Songs in Antiphonal Style ···························· 84
Section IV The Traditional Marriage of the Zhuang Nationality ····································· 89
Section V The Rites of Birth and Funeral ················ 96
Section VI The Development of the Zhuang Nationality ·· 102

Chapter IV The Unique Features Developed by the Zhuang Nationality ·································· 111
Section I The Cash Crops of the Zhuang Nationality: Leechee, Sugarcane and Paddy Rice ················ 111

Section II The Civilization Process of the Zhuang Nationality ………………………………… 116
Section III The Herbal Medicine Introduced by the Zhuang Nationality ………………………………… 124
Section IV The Hanging Houses: The Casas Colgadas of the Zhuang Nationality ………………………… 131
Section V The Native Chieftain System: The System of Tusi ………………………………………………… 137
Section VI The Maritime Silk Road Started here …………… 143

Epilog The Bright Prospect of the Zhuang Nationality …………… 151

Reference ………………………………………………………………… 160

序曲

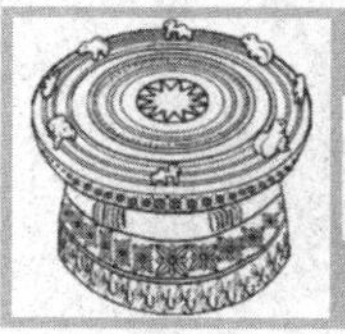

风向红土

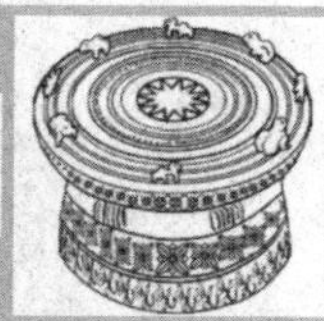

起起伏伏的红色土地，郁郁葱葱的绿色原野，它与浩荡的海面朝夕相望。水碧天蓝，鱼肥蟹黄，稻香蔗甜，润泽富庶……这就是广西壮族自治区。它位于祖国南疆，南临北部湾，连接云、贵、湘、粤，与越南社会主义共和国接壤，是我国唯一与南亚海陆相接的省区。唐代韩愈有诗："苍苍森八桂，兹地在湘南。江作青罗带，山如碧玉簪。户多输翠羽，家自种黄柑。远胜登仙去，飞鸾不假骖。"这就是广西壮族自治区。

全国人口最多的少数民族——壮族和12个世居民族和睦相处，共同生活在这里。壮族人口在全国共有1693万（2010年统计）之多，其中分布在广西壮族自治区的近1445万人，占全国壮族人口的85%，主要聚居在南宁、崇左、百色、河池、柳州、来宾等地；其余分布在与广西相邻的云南省文山壮族苗族自治州、广东省连山壮族瑶族自治县、贵州省从江县及湖南省江华瑶族自治县等地。

风吹过壮族大地，连绵起伏的是红色土地。

红土上的壮民族最早的祖先可追溯到旧石器时代的柳江人、麒麟山人等，新石器时代的甑皮岩人等。近几年来，经过对现代壮族的骨骼和壮族地区旧石器、新石器时代人类化石的骨骼进行科学测定，结果表明，现代壮族体质形态与旧石器时代晚期的柳江人及新石器时代的甑皮岩人有密切的继承关系。

桂林甑皮岩遗址

壮族的先民叫百越。百越早在2000多年前的周代，就以瓯邓、桂国、损子、产里、九菌等名载于古籍。之后的百越，包括于越、句越、瓯越、东越、闽越、南越、骆越、夷越、山越等分支，如大河小溪，连接不断，可谓纵横交错。其中，生活在郁江以北、右江以东地区的西瓯，郁江以南、右江以西地区的骆越，就是广西壮族的祖先，是百越中的一支，而郁江两岸和贵港、玉林一带则是西瓯、骆越交错杂居的地区。之后，瓯越、骆越便以乌浒、俚、僚等见称。宋元时代以后，开始出现撞或獞、俍、土等名称，壮族开始从俚僚族群中分离出来，形成一个民族共同体。由于分布地区和支系的不同，壮族中有布壮、布蛮、布土、布侬、布越、布雅依、布傣、布沙、布僚、布曼、布陇、布偏等多种自称。

中华人民共和国成立后，经过民族识别，统称为“僮族”。1965年，根据周恩来总理的提议，经国务院批准统一改称为“壮族”。

可以想象，当时壮族河流是多么发达，这个家族是多么庞大而热闹。而他们生活的华南—珠江流域地区，则是一个美丽而富饶的地方。

山与水使生活在这里的人们充满了生命的激情和爱的内涵。

广西壮族自治区的首府设置在郁江（史称郁江流经南宁段称为“邕江”）之滨的南宁市。

1997年，广西考古工作者在南宁市郊的邕宁县顶蛳山发现了大量的贝壳，这是8000年前居住在这里的先民留下的南宁贝丘遗址。这是当年全国十大考古新发现之一。这些贝壳的发现，揭开了壮乡新石器时期古人生活的神秘面纱。从遗址中出土了大量的磨制石器、蚌器、骨器和红色夹砂陶片，这说明在新石器时代早期，南宁一带已有了壮族先民原始的农业和渔猎生活。

翻阅有文字记载的历史——从东晋大兴元年（公元318年）设郡治算起至今，南宁已经历了1680多个春秋。唐贞观六年（公元632年）南宁因邕江得名，始称“邕州”，简称“邕”。辞源上说：“邕，城郭四方有水。”元朝的中国设省、路、府、州等级建制，元十六年（公元1279年）始置邕江路总管府，泰定元年（公元1324年），邕州路改为南宁路。南宁，有希望南疆安定之意，南宁因此而得名，沿用至今。

壮族是开放的民族。在风吹过的“湘桂走廊”，会发现2000多年前中原文化印下的无数脚印，它们融汇到壮乡大地造就了壮族人自己的文化，形成了壮族人自己的格调。从古到今，水是壮乡的血脉，有水便有了生命的绿色，便有了田垌稻花，满坡甘蔗，坡上情歌，铜鼓图腾，生礼死赞，花开花落中便有了壮族人自己的宗教和社会结构。来到这片边域，人们自然还会穿越壮乡几千年智慧的灵光，感叹壮族人的文化自觉，在他们的开卷启明中，翻读壮族人创造的博大精深的历史，触摸到大地最坚硬的骨头，用这些骨头做大梁，给生命构筑大地上最宽敞、最清静的家园。

是的，山是刚毅的，水是柔和的。千百年来，壮族人与山水共处。山水的浸染，就有了山峦海河的坚韧、宽容、实在、拓展的秉性。因此，人们就会喝到醇香的土酒，听到悠扬的山歌，看到一个个男人铜色的脸膛，一个个裹在锦绣中的女性。无论多么悠长的目光总会被挡回来，多么狂烈的风行至都只能低吟浅唱，如此安稳和放松，如此憨厚和可爱。

山水之间，总听得到壮族人到处行走的脚步声。

上千公里的流域，疏疏密密、大大小小的两岸山壁，有上百处人像崖壁画，那是2000多年前壮族先人留下的身影；垌田溪边，山坳林中的缭绕，是壮族歌仙刘三姐不绝的余音；在北流，有人一锄头下去便挖出了一面面径近两米的铜鼓，堪称“世界铜鼓之王”，那是壮族人2000多年前的神物；忻城翠屏山北麓断断续续修了几百年的莫氏土司衙署，成了壮族“故宫”。所有这些使壮乡显得厚重与灵动，壮乡便成了一部梦幻与现实的杰作，在四季更迭总是绮丽的环境里，回肠荡气，令人神往。

壮乡作为一个地理位置重要的边域，从远古至近现代，经历了无数次战火，随便指出一处，说不定就有一段传奇故事，就有一段曲折磨难。

人们会看到，边关上大小连城的雄峻，抗法勇士踏起的尘烟；太平天国旌旗猎猎，各族农民聚首金田；南宁兵变百色起义，左右江上烽火连天；援越抗美支前粮弹，胡志明小道的夜航风帆。壮乡是国家的大门，绵延千里宽，关卡众群山，是阻止外来者入侵脚步的地方。

是大门，便可进可出。壮族从这个地方经常出进，长见识，见世面。因此壮族人粗犷而豪爽。不会瞻前顾后，不会前怕狼后怕虎，历史的每一个重要时刻，都是举义旗流血牺牲，用生命付诸实际行动。

也许，这都已经属于战争，属于历史，属于了时间。本来已遥远的战争因为那一丛丛山茶花，一时仿佛近在眼前。看到那些山茶花，有多少人还知道壮族的故事，又有多少人知道发生故事的风景？也许，那些美丽的生命一闪即逝，人们不再记得，但当人们走在历史的边缘，就会给你别样的惊奇。

沉静会唤醒你对壮乡，对壮族的理解。你就会感觉绿色下面的红色灵魂一处处美景的集合，你就会找到一方心灵的栖息地。

这就是红土地。春风吹过那山，那水。柳州是红土地经济发展的缩影。1991年，柳州成为全国5个自治区中首个工业产值突破百亿的城市。壮乡的工业放在全国来看，分量不重。尽管改革开放以来有了长足发展，但是横向一比，无论是发展速度还是发展质量在全国的排位都比较靠后。此时，国家实施西部大开发战略，要把壮乡建成西南出海大通道，广西加快发展首推柳州，不仅因为柳州工业门类齐全，更重要的是柳州工业实力雄厚。

2002年，柳州工业实现的总产值仅300多亿元，用5年时间提高到年800亿～1000亿元，意味着每年增加至少100多亿元，每年没有16%以上的高速增长，1000亿元就是空谈。

红土地要腾飞，在腾飞，技术创新和人才建设像是两只健壮的翅膀，2006年轻松而又迅速地向"千亿柳州"迈进。

2007年3月9日上午，在北京参加十届全国人大五次会议的柳州市市长，面对胡锦涛总书记对柳州工业发展情况的关切询问，说话颇有底气。

总书记问："柳州有几个老的国有企业，经过几年优化升级，现在发展情况如何?"

"现在整个柳州，老国有企业在市场的表现都非常好。比如柳工，去年销售收入达60多亿元，利润达4个多亿。"市长回答。

"目前在同行业中是不是排头兵?"总书记问。

"是排头兵，它有一个产品是全球销量第一。而且，去年柳工的销售已拓展到国外，出口突破1亿美元，到现在正在走出去，做得很好。

柳微五菱汽车2000年产量才10万辆，后来与通用公司及上汽公司合作，去年产量已经达到45万辆，成为中国微型车行业的老大，现在正在加快发展，管理水平和管理理念都有了质的飞跃。柳钢通过几年的技术改造，产量由当年的100万吨提高到去年的600万吨，并淘汰了所有的落后产能。”作为柳州市市长，对有关数字了如指掌。

总书记问：“柳州的工业增加值在全区占多少比例?”

市长说：“工业增加值比例占26%，但规模工业以上利润我们占了54%，总产值占1/4。柳州作为广西工业的领头羊，要实现经济社会又好又快发展，必须把工夫放在走新型工业化道路上。坚持自主创新，加快产业升级和优化；高度重视环境治理和保护，建设山川秀美的工业城市。”

听了市长的话，胡锦涛总书记连连点头，表示赞许。

这是一次可以载入壮乡工业史册的对话，国家领导人的关心和壮乡地方官员的回答，有着对过去成绩的总结，也是对壮乡未来的展望与期许。

这就是今天的红土地，飘香的红土地。到过红土地的人都说那里很美，没有到过红土地的人都说那里很神秘。

界河、口岸、村舍、香蕉、甘蔗林，还有现代化的港口、无烟的工厂、穿梭的货柜车、纵横交错的高速公路，数千年的史实，迥异的民风，那今天故事，令人心醉神迷的传说尽在这片红土地。

壮族是一部红土之上绿茵之下，涌动着生命热望的书，起点也许是一堆又一堆的资料，终点可能是一个又一个读者的感悟。

风向红土。

第一章

行走两千年

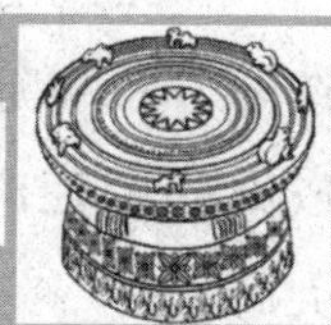

第一节　一条长长的父亲河

广野之上，万河千江。在我国的南方，有一条大河叫做珠江，她全长 2219 公里，汇纳水量 3400 亿立方米。珠江的主干流是红水河。说起红水河，最能引起人们对它感兴趣的是，它的水流为什么会是“红”的？原来，红水河发源的滇东高原地区，是我国有名的红壤区，地表土壤的颜色呈红褐色。河水不断地冲刷沿岸的红土，便使河水变成了红色。红水河东流进入广西西林县，继续东流至广西的梧州市进入广东省，在广西境内流程 1300 多公里，横跨广西中部的全境。

说了也怪，当红水流入广西后，红水河便开始进入了喀斯特地貌区，红水突然就变得清澈。两岸风光无限，山青树绿，水雾空濛，满江鱼跃，倒影婆娑。山环水绕，山光水色，山水依依，山和水如此相谐，举世难寻。俗话说，仁者乐山，智者乐水，壮乡山水却达到了仁智一体的胜境。座座青山，把红水河点染得千姿百态，为柔媚的江水注入了刚健的风骨，清澈见底的江水赋予凝重的山以动态、灵性和生命，把置身其间的人带进了一个流连忘返的神话世界。

大石山有一个洋气的名字叫喀斯特。喀斯特是前南斯拉夫北部、今斯洛文尼亚南部的一个地名，因为地理学对那里的这种地貌研究比较早，地理学界就用喀斯特给这种地貌命名。

壮族人把红水河称呼为“父亲河”。相传红水河是壮族始祖布洛陀造的。布洛陀是壮族神话中一个改造大自然的英雄。在洪水肆虐泛滥成灾的蛮荒时代，布洛陀深深地犁出这条红水河，将洪水导流入了大海。

布洛陀塑像

然而，千百年来，红水河的水是那样的透明，那样的清纯，那样的甘甜。透明得像一面镜子，清纯得没有一点污浊和杂质，甘甜得沁人肺腑。因为这样，一代又一代喝着红水河水成长的壮族，男人们无比爽快，无比耿直，无比豪迈；女人们何等靓丽，何等纯洁，何等可爱。

打开地图一看，红水河的支流连同支流的支流密密麻麻像蜘蛛网一般遍布壮乡各地，红水河的触角几乎伸到广西的每一片土地。广西境内集雨面积 50 平方公里以上的河流就有 937 条，大多河流都是红水河分支的分支。稍有名气的河流有柳江、龙江、融江、右江、左江、郁江、浔江、漓江、桂江、贺江，他们共同奔向西江，汇入珠江……

红河之水养育着壮族千万百姓，滋润着南方的万物众生。高艳华等在《红水河传》一书中这样叙述：以红水河为主干的珠江水系多年平均径流量 3280 亿立方米，仅次于长江，属全国第二；年平均降雨量 1484 毫米，每平方公里年产水量为 74 万立方米，为全国各大江大河之冠。红水河多年平均径流量是黄河的 2 倍。红水河规划河段上起南盘江上的天生桥，下至桂平的大藤峡，全长 1050 公里，总落差 756.5 米，可开发水能源约 1100 万千瓦。其中隆林天生桥纳贡河段落差最大，14.5 公里的河段平均落差达 181 米，平均每公里落差 13 米。相当于黄河流水量的两倍，加上巨大的落差，造就了红水河大型水利梯级开发工程的出现。被誉为“红水河水电开发龙头”的龙滩水电站规划总装机容量达 630 万千瓦，总库容 162 亿立方米，目前仅次于长江三峡工程。

龙滩水电站

这是一条中国罕见的水力富河，这是一个中国难得的能源富矿。

但并不是所有的古人都认识她的博大，并不是所有的古人都懂得她的富有。所以居住在沿岸的百姓分布很不均衡，沿岸建筑的城市、乡村也很不均衡：在她的中下游，即黔江、浔江、西江、珠江一带，大中城市居多，桂平、梧州、肇庆、广州及一些富庶的县城都是近水而建，逐年繁荣；而在她的上游，也就是红水河流域，城镇稀疏，村落寥寥，人烟稀少。

红水河终究是壮族的父亲河。壮族儿女世世代代与红水河相依为命，一代又一代度过岁月的沧桑，分享着丰收的喜悦。

壮族最早为人所认识的历史，就从这里展开。

在红水河流域共发现原始文化遗址 54 处，其中旧石器文化遗址 6 处，新石器文化遗址 48 处，在岩滩一带，考古学家找到了当年百越人的新石器时代遗址 25 处，在大藤峡一带还发现古人使用过的石铲、石斧、石刀、石锄。后人可以想象，壮族的祖先为了生存，拿着这些笨重的家伙与大自然搏斗是何等艰辛。

公元前 219 年，秦始皇统一中国后，岭南的桂林郡包括现在广西的大部，郡治所在的布山县，就是现在红水河主干支流郁江边的贵港市市区内的南江村，贵港就是岭南的政治、经济、文化中心之一。此后，贵港作为郡治的历史持续了 800 多年。

秦始皇之所以把这里定名为桂林郡，据说是因为这里盛产香料，玉桂成林——直到今天，这里仍然是我国主要的玉桂产区。这里因了水路的方便，成了中原文化与岭南文化、汉族文化与土著文化、中国文化与海外文化等多种文化的交汇点。朝廷的封疆大吏从这里走过，交趾朝圣的使臣从这里走过，暹罗贩运沉香犀角的象队从这里走过，仗剑壮游、浪迹天涯的高人侠士从这里走过，被贬谪的巨臣也从这里走过。

遥远的岁月虽已掩埋在厚厚的历史风尘之中，但它们并没有消失。

郁江向东流经贵港市区，向东北拐了一个大湾，叫罗泊湾。这里遗留着大片汉代的墓葬群。从 20 世纪 50 年代开始，考古工作者在这里陆续清理挖掘了 500 余座汉墓，出土各类文物 10 000 余件，大大丰富了壮乡汉代物质文化研究的内容。

1976 年罗泊湾 1、2 号汉墓的挖掘，那规模宏大、形制高贵的巨木棺椁中，六女一男年轻殉葬者的遗骸，1000 多件用途广泛、形制各异的金属玉石、陶瓷竹木等随葬品，向人们叙述着壮乡那段辉煌的古代史，展现了壮乡灿烂的汉代文化。其中的羊角纽钟、扶桑灯、玉杯、工具等文物，已经成为了广西壮族自治区博物馆的馆藏之宝。

2006年3月，国家博物馆和广西博物馆在北京联合主办的《瓯骆遗粹——广西百越文物精品展》展出135件（组）文物。人们没有想到，几千年后，壮族先民用过的工具竟能重见天日，存留后世，是一笔弥足珍贵的文化遗产。

崇宁三年（公元1104年），诗人黄庭坚被遣送红水河畔编管，过洞庭湖时曾发出“安知忠臣痛至骨，世上但赏琼琚词”的悲怆感叹。三月中旬，诗人把家属留在永州（今湖南零陵），然后只身通过全州、桂林等地，于五六月间抵达红水河畔的宜州。

宜州在红水河江南岸，三米来宽的青石故道，由东至西把古镇一分为二。古道两旁，砖混小楼与老式门舍依水边逐势相接相拥自成格局。浓厚的苍苔、浓厚的烟火味，让人联想到古镇所历经的沧桑。

宜州的壮族人热情地接待了黄庭坚，他在镇南一间民舍住了下来。诗人心静如一潭秋水。白天下棋读书，晚上对床夜语。黄庭坚浩然自得，口不停吟，手不辍书，还撰写日记，名为《乙酉家乘》，“乙酉”即崇宁四年。

崇宁四年（公元1105年）年九月底，一天，忽然下起霏霏细雨。诗人坐在榻上，喝了几杯酒，微有醉意；他把两只脚伸出栏杆外，让雨滴浇湿，觉得清凉爽快，于是高兴地对身边的朋友说：“我平生从没有在宜州这样快乐啊！”他在快乐中给红水河带来了中原文化。

说到宋诗，谁不知道联名“苏黄”的大诗人苏轼和黄庭坚？说到书法，黄庭坚与苏轼、米芾、蔡襄并称为“宋代四大书法家”。

鸦片战争之后，中国社会进入一段黑暗的灾难深重的历史时期。世界列强对中国日甚一日的欺凌，清王朝对老百姓日甚一日的压迫，把广大农民赶到了一条忍无可忍、不得不铤而走险、揭竿而起的绝路上。

1851年1月11日，桂平的金田村，来自各地的两万多各族农民聚集壮族山乡，在洪秀全、杨秀清、韦昌辉等人的领导下揭竿而起，点燃了一场规模宏大的起义烈火，矛头直指统治了中国两百多年的清王朝。火焰由此迅速蔓延，烧过县界，烧过省界，烧过了长江，一直烧遍中国18个省，延续了19年时间，成为中国乃至世界历史上规模最大的一次农民起义，用无数血泪写下了可歌可泣的历史篇章。

为了改变自己的命运，他们选择了行动。一位叫石达开的壮族的儿子，19岁那年变卖了家中的财产，带上1000多号人，投奔了洪秀全领导的金田起义，20岁就被封为“翼王”。此后，他凭着对天朝的赤胆忠心和过人谋略，屡立奇功，率军在湖口、九江等地先后大败湘江水师，逼得湘军主帅曾国藩几至跳水自尽。

尽管在小时候只念过不多的几天书，石达开却是太平天国队伍中一位文武兼备的领袖，红水河畔的白龙洞里还保留有他传世的唯一一首诗：

挺身登峻岭，
举目照遥空。
毁佛崇天帝，
移民复古风。
临军称将勇，
玩洞羡诗雄。
剑气冲星斗，
文光射日虹。

诗中胸怀开阔、气魄宏大，体现了他的政治理想和斗争精神。石达开爱护士卒，体察民情，颇具悲悯情怀，深得部下拥戴，以致他牺

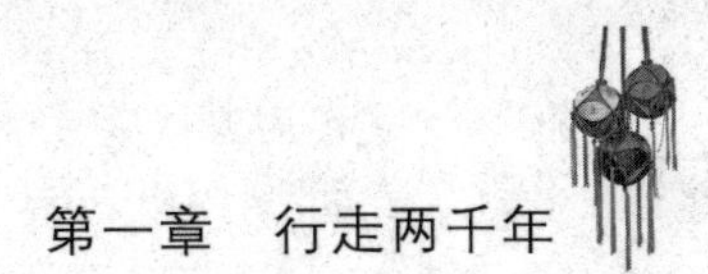

牲多年之后，民间仍在传说他没有死去，还在秘密地领导着反清斗争。

天旗就像一把火，
烧尽穷根和祸灾。
洪杨带头打天下，
哪个穷人不跟来？

这是当时流行的一首壮族民歌，表达了造反者热烈而真诚的愿望。

时间过去了一个半世纪，历史的烟尘早已飘散。一座规模不大，却收集了不少史料和文物的金田起义历史陈列馆，就静静地坐落在山村的一侧。徜徉在陈列馆里，凝视着那些锈迹斑斑的刀剑枪炮，分明可以看到血肉横飞的生死搏斗，倾听到铺天盖地的呐喊，体悟到叹息无穷的历史玄机。

太平天国金田起义纪念馆

红水河流域是我国西南多姿多彩的民族文化长廊，除了壮族，还居住着汉、瑶、苗、布依、仡佬等民族，他们至今仍保留着许多独特的民族文化状态，并以其鲜明的特色，绽放着奇异的光彩。当听到红水河涛声时，这片土地就以完全不同的风格迎接人们了。

河池是桂西北水陆交通要冲，这地方是红水河的河谷，码头终日泊着数十艘船只，从柳州、宜州运来的日杂百货，经这里西上南丹、东兰及贵州；那些地方销往柳州、广州的矿产、特产、山货、鸦片，则经此而东下。据民国《河池县志》载，这里曾是商贾、马帮云集，十分热闹的小商埠。

1940年黔桂铁路通车，河池治所金城江日渐成形。原来的水陆码头从此便叫“老街”。抗战时期为了不使日军长驱直入，金城江以西的铁轨全部拆除。随着京汉湘桂大撤退的滚滚人流，金城江成了“小上海”、“小香港”，更成了“流亡者的故乡”，人口一度高达10余万。

1942年3月，著名作家巴金写下了散文《金城江》。

“金城江比半年前更繁荣了。那么拥挤的人，那么嘈杂的声音，新的建筑，堂皇的名字……我几乎以为是别一个地方。

金城江，神秘的地方。在这里人把钱花得像江水一样，去了就不流转来。在这里住上几天，人必须留下一些东西。有人带着美丽的回忆走开的，但也有人从这里带去苦痛的记忆。这里确实是一个忘不死的地方。”

是的，前往重庆大后方的人都在这里转车。竺可桢、闻一多、徐悲鸿、丰子恺等名人也在这个“忘不死的地方”留下了诗文书画。

抗日战争使大量外地人落籍金城江，占了总人口的绝大多数。战争在大江南北狼烟四起，内地先进文化在生存转移的过程中却在这里得到意外的碰撞、融合。京剧、话剧、歌剧、桂剧群星荟萃，聚集一城，各种期刊、报纸、杂志在这里应有尽有。愤怒呐喊，赤诚报国，儿女之念，丈夫情怀，都借抗战这一主题，张扬成不朽的旋律。如果说，历史只是冷冰冰地记录下那场战争，那么，文化却曾使壮乡的人文品格得到提升。

像是为抚慰历史上太多的灾难纷争，造物主给壮乡留下丰富的人文景观。

就是这片古老的土地，山川如此钟毓，江水无私润泽，让在这里生长并世代传袭的人们流动着智慧、勇猛、顽强、勤劳、善良、宽容、诚实的血液，并生生不息。他们把所有的情怀融入泥土，把所有的爱恋倾注大地，把所有的苦难付诸流水，把所有的希望都变成青翠。

这就是壮族。行走了两千多年的壮族。

我们顺着这一条长长的河去摸索，去探寻，总有一种春风沐浴的感觉。脚边是充满灵气的草，它们随意分布在一切有土壤的地方，和风轻拂；花儿一朵朵终年绽放，在绿色的海洋中摇曳，以最自然的方式尽情地表达着自己认为最美丽的姿态。壮族祖先就在这样的环境里宁静生活着，作为山水间流动的风采，丰富和洁净的民歌中也一样这般动人。

走进壮乡，人们会看到世外桃源般的生活状态，听到壮族这条老而发达的河流传递的故事，这一条长长的根，一条有着厚重文化土壤的历史之路，又是一条弥漫着历史熏风的文化长廊，回荡着古老深沉的史诗和民歌。它们如一串串跳跃的音符，掠过千山万垌，流过小河大江。

第二节　风吹古道见脚印

这风是历史的风，无时不在潜流着。

如今南北贯穿的湘桂铁路，有无数人的脚步从它身上走过。人们走过的地方，是越城岭和海阳山之间的狭长谷地，古称“兴安隘”，现称“湘桂走廊”，这条谷地海拔 200～300 米，谷地两岸，山体峻峭，雄阔如巨蟒，逶迤若龙蛇。谷底，一条清流画出一个又一个纤秀的“S”形曲线，在湿润松软的河床上泛射着温柔明丽的水光。

如今的湘桂走廊已经被现代化的变革改头换面。这个时刻，人们在充分享受物质进步的同时，还会去怀念一个一直是迁徙的、交往的“通道”。这是因为，壮族历史的推进、历史的走向和历史的创造一直都会镌刻在走廊。在这自然天成的地理中，一直有人类行迹或明或暗或隐或现的故事。

公元前214年，秦始皇派50万大军南征五岭。这五路大军，据《淮南子·人间训》载：“一军塞镡城之岭，一军守九疑之寨，一军处番禺之都，一军守南野之界，一军结余干之水。”这是历史上有名的“五岭之戍”。镡城之岭即今天的越城岭，九疑之寨即今天的萌渚岭，就是说，秦军是从今天广西兴安县的越城岭进军，由此直下桂林，正面和西瓯部落接触，是和西瓯部落作战的主要部队。

秦军由于遭遇西瓯部落处处堵击，欲进不得，欲罢不能，陷于“旷日持久，粮食绝乏”和“宿兵无用之地”的困境，只能驻守险要地区，因而驻扎在今兴安县的大、小溶江之间。该地至今保存有“秦城遗址”。古战船壕和古城垣的痕迹依然历历在目。秦城遗址位于越城、都庞二岭孔道，其间地势平坦，四周高山绵亘，大溶江傍依而过，背靠天险严关，足见其形势的险要，是典型的防守要塞，是当时秦军被西瓯部落围困的地方。

秦始皇为了解决被困秦军“粮食绝乏”和部队后援问题，命史禄强迫大批西瓯民众从凿渠而通粮道。这条秦凿渠，位于今兴安县城附近和大溶江镇之间，全长34公里，后世称为“灵渠”，又叫“兴安运河”，是世界上古老而文明的一条人工运河。它沟通了湘江和漓江，使长江水系和珠江水系互相连接起来。具体说来，灵渠是一个完整的水利工程体系。宋人范成大有诗云：“导江自海阳，至县乃弥迤。狂澜既奔倾，中流遇铧嘴。分为两道开，南漓北湘水。至今舟楫利，楚粤径万里……”灵渠小巧玲珑，其作用意义却堪称巨大。著名历史学家郭沫若说："秦始皇三十三年史禄所凿灵渠，斩山通道，连接珠江、长江水系，两千余年前有此，诚足与长城南北相呼应，同为世界奇观。"翦伯赞诗称："不到灵渠岸，无由识始皇。"秦始皇修灵渠是为了征服岭南统一中国，他没想到此举却改变了壮乡的文化内涵。两千多年的文化洗礼，为壮乡文化注入了深深的中原文化基因。

先人们是世界奇迹的创造者，灵渠是汉壮人民首次合作的文明工程。

灵　渠

修了这条人工运河之后湘水源出广西灵川，"湘江北去，橘子洲头"，凡1600余里，然后悄无声息地藏入"八百里洞庭"深处，不见了踪影。转了这么个大弯弯，此中包藏了几多诡谲，又袒露了几多聪明才智，才使其成为了湖南4000多条大小河流中经济价值最高的一条。

灵渠凿成后，沟通了岭南岭北的水道交通，秦始皇竭全国之力量，迫使中原地区的人民，"丁男被甲，丁女转输"与西瓯作战，致使中原地区的人民，"苦不聊生，自经于道树，死者相望"。然而在另一方面，却使被围困在岭南各地据点的秦军，得到源源不断的人力和物力的支援。此时，秦始皇又派遣名将任嚣和赵佗等人率领援兵再次发动对西瓯部落的战争。在秦军的新攻势下，英勇善战的西瓯部落，终因力量对比悬殊和武器优劣差异而失败，长达数年的秦瓯战争宣告结束。秦始皇统一了岭南地区，从此岭南越族正式加入了祖国的多民族大家庭，岭南地区成为中华版图上不可分割的一部分。

2000多年进入壮乡的其他道路多所不通，湘桂走廊成了事实上的主要通道。历朝历代往返行军的师旅、上任卸职的官员、朝廷的使者、进京贡物的边地首领、商旅的马帮、流放广西的官员、充军的“罪徙者”、流寓的雅士、云游的高僧、赶考的士子、传达诏令的快马、边地流报的军校以及常年往返奔跑在交通干线上的邮卒堡夫，来来往往于古道上，构成了南来北往交通干线上的主旋律。这个主旋律就是迁徙—交往—进步。因而，湘桂走廊最早成为壮族地区敞开大门迎接中原文明的通道。

1971年，在距湘桂走廊龙虎关十余公里的身家村，出土了鼎、樽、斧、凿、戈、剑、编钟、车轼等33件青铜器，据专家考证是春秋晚期至战国早期时的珍贵文物。其质薄形巧，式样新颖，纹饰繁复，既具同时期中原地区出土同类器物的特征，又杂糅了浓郁的地方色彩。它们反映出当时南北文化的交融，也证实了当时生活在岭南的百越人已进入了使用青铜器的文明历史阶段。

这些不为许多人了解的史实，让人们记挂着先民们穿梭在这条走廊上那悠悠岁月中，在浴血奋战中接纳文明、创造文明、造福后代的悲壮历程。历史上伟大的抵抗和伟大的繁荣就像音乐一样，有时低回轻柔悱恻，有时昂扬高入云霄。

著名学者梁庭望在《壮族文化概论》中这样说道：除秦统一岭南时“徙中县之民”“使与百粤杂处”（《汉书》卷一（下）），以后又有多次难民潮涌入两广，规模较大的有四次。第一次为4世纪初年西晋永嘉年间（公元307～312年），时中原战乱，汉、凉、成（汉）、后赵、冉魏、代、前秦、燕等十六国厮拼，刀兵四起，烽火连天，中原人民大批拥入岭南，隋初大业五年（公元 609 年）广西人口竟比南朝刘宋大明八年（公元 464 年）增加 10 倍，形成客家人的基础。第二次是 9 世纪唐代末年，北方分裂为后梁、后唐、前蜀、吴越、南汉、吴、辽、渤海、于阗、后汉、南唐等五代十国，又一次兵戎相向。这又一次造成中原百姓南逃。第三次是 13 世纪的南宋末年，宋元争霸，夏金逼迫，南北对峙，南宋江山摇摇欲坠，中原百姓再次南逃，多入两粤。南宋末民心更乱，大批百姓南逃。广西北宋元丰三年（公元 1080 年）28 万户，元至顺元年（公元 1330 年）增至 44 万户。以上三次迁逃浪潮，形成广布两广、闽台之客家，而以粤为其基地。明末清初，南明永历帝朱由榔退守两广，在梧州、桂林之间盘桓，鄂湘汉民随之避清军兵锋入桂，有的随永历辗转黔滇，大多留在广西，是为讲桂柳话汉人的主要来源。进入壮族地区的历代汉民，带来了中原先进文化，也带来了感情。

在此之中，世情更迭。

便有了一个地方叫爱店。爱店不是商店，也不是旅店。

这个地方，因为一支古代的队伍迁徙在此而得名。那是很久以前，一个雨夜，一支人马拖儿携女一路奔波进入这里时，他们不再想前行了，他们不约而同地寻找到了不再离开的理由，他们每个人的身体和沉重的行囊都无法移动，每个人的眼前都交织着绿树成荫的山水美地和善良好客的壮族先民，他们相信这地方可以驻足，可以生息一个新的世界，他们爱上这个他们称之为花园的地方，他们决定止住漂泊的脚步；他们安慰自己：即使还要走，权当旅店留下再说吧。

于是，他们称此地为“爱店”；最终，他们与壮人们相爱，便成了此地的先人。

走过爱店，听到了这样的迁徙故事。很美，也很单纯。

湘桂走廊，经历了风雨的洗刷，经历了时光的沉淀，成为遥远的风景。乡间小路上留下一个个爱店的传说，留在那些天天走过青石板路的老者的闲谈之中。

迁徙的生活与泱泱古国的行进一样历经两千年，它的速度犹如地球的旋转难以觉察。他们与壮族以及其他民族生息与共，相互信赖，出现了不同地区、不同口音、不同习俗却又能互相通婚、和平共处的状况。从这一点来看，壮族人在那个时期，体现了一种宽容、大度、友好、开放的民族性格。到了今天，壮族人的这种性格体现得更加充分和明显。

今天，人们已经不可能知道，当年千千万万的迁移人群及他们的家属来到壮乡是如何生活的，留传下来的族谱里，也只剩下“祖籍某地”的简单记载。我们在许多壮族村庄，村里人都说他们就是壮族，是历代南征者的后代。也许这答案没有错，因为他们的先祖因了大中国的疆土，被中央王朝所征调，不远万里来到这里，他们与当地壮族先民融合同化通婚成家，一代又一代定居下来，在上苍赐予的丰腴大地劳作耕耘，生息繁衍，血脉相连。

千百年来的风，日复一日地吹着，吹过来吹过去，却永远不能复原心中的那一个湘桂走廊，只见那一双双从壮乡走向开放的脚印，如同纪念碑，永远留存在壮族的历史中。正如美国作家房龙所说：“历史是地理学的第四维，它赋予地理学时间和意义。”

第三节　左江的故事

从南宁市往西溯邕江而上，至南宁市西乡塘区一个宋村的地方，叫三江口。三江口前左右两条大江便出现在人们的眼前，左之江称为左江，右之江称为右江。

左江流域是古代壮族祖先狩猎耕耘、栖息繁衍的地方，现在依然

是广西壮族的聚居地。自秦始皇统一岭南建三郡以来，左江成为南中国边疆的重要交通航道。明代地理学家徐霞客当年深入沿江流域探洞观崖，赞叹不绝："余谓阳朔山峭濒江，无此岸之岩；建溪水激多石，无此石之奇；虽连峰夹嶂，远不类三峡，凑泊一处，促不及武彝，而疏密宛转，在伯仲间。至其一派玲珑通漏，别出一番鲜巧，足夺二山之席矣！"

左江流域是壮族地区历史文化内涵最为丰富的地区，它的一个奇迹是分布在沿岸100多公里的崖壁画。这些画在悬崖绝壁之上的赭红色画多达183处，被认为是公元前300多年至公元前100多年西瓯、骆越人的杰作。在这些崖壁画当中，最蔚为壮观的崖壁画是位于宁明县境内的花山壁画。

花山壁画

壁画绘在一堵长290米，高250米的悬崖绝壁上，画面长210米，高44米，共1800多个图像，最大的高达3米，最小的高约0.3米。图像生动朴素，线条粗犷有力，结构严谨，鲜红夺目，整个画面气势雄伟，热情奔放。有人说这是壮族先民的生活画面，有人说这是壮族先民的宗教仪式，还有许多说不清的猜想。

千百年来，许多骚人墨客到此参观后留下不少题咏，但究竟"是谁挥得笔如椽，乾坤写此大诗篇"？何因"江作砚池山作卷"？何时

“鬼斧神工输技巧”？何由“风吹雨打犹鲜妍”？岁月流逝，世道沧桑，多少个世纪过去了，这种景观成为永远新鲜的印象留存下来，但花山崖壁画之谜并未解开。

不管怎样，花山以它的存在，给今天留下了一份厚重的遗产。

因为它是一种文明，是一个以原始的力量从喀斯特群山中勃兴，不断叠加的文化堆积层。它是壮族先人的观念、欲望、情感和生活方式。虽然偏居群山一隅，生命的花朵却开放得有姿有色，有滋有味……

壮族先人留下的崖壁画是一份宝贵的文明，让后人在幽暗的历史档案库里点燃起哲学的明灯。

美丽多姿的左江愈靠近源头，它的触角就愈多，而其内涵也愈加悠远和深沉。自古以来，生活在左江流域的人们并不认为山峰是顽石的屏障。他们只要抬起头，凝视高山的容颜，就会知道沿着山中绵延不绝的古道，那是中越两国人民祖祖辈辈往来的通衢。它就是一条通商之路，使勤劳的壮族人衣食无虞；它又是一条戍边之路，无数戍边者从中国各省来到广西，驻兵屯田、设关守隘，把这里当做了家乡。

早在汉代，汉王朝就斥资在中越边境要道一个叫凭祥的坳上修建了一个关楼，这就是名副其实的南国第一关——友谊关。友谊关，曾称雍鸡关、鸡陵关、界首关、大南关，明代称镇夷关，清朝至民国期间称镇南关。因其建筑雄伟，地势险峻，故又有“天下第二关”之称，也是中国九大名关之一。20 世纪 50 年代，经周恩来总理批准，改名“睦南关”。1965 年，为彰显中越两国人民“同志加兄弟”的深厚情谊，又改名为“友谊关”。

友谊关，在漫长的沧桑岁月里，发生过许多壮举，冷峻的灰褐石块叠起的残墙向人们诉说着百年的沧桑。

1885 年 2 月 8 日，以尼格里将军为首的法国侵略军进逼北宁，北宁失守，法兰西军队的指挥刀已经触及金鸡山下的镇南关。当时新任

友谊关

广西巡抚潘鼎新是清廷投降派，他软弱无能，畏敌如虎，清军溃败。

2月23日，镇南关陷落。于是，法国人在镇南关矗立了一根木桩，特意用中文写道："广西的门户已不再存在。"

正当边疆危急之际，清政府主战派、两广总督张之洞，起用了年及70的爱国老将冯子材率军抗法。冯子材，钦州人，官至提督高位。1883年退居家中。他在钦州一带用不到一个月的时间，招兵买马，召集旧部，组成了以壮族青年为主的十营"萃军"，开赴镇南关前线。为以防万一，重披战袍的冯子材带着棺材一口上路，棺材上写着"不归尼格里，便是冯子材"。同时，他一再嘱咐与其同行的两个儿子："万一军有不利，百越非复我有，亟率我眷属奉香火驰归江南祖籍，永为中国民，免奴外族也。"铮铮铁骨，悲壮山河。原先在关外驻守的清军，自谅山败退后，群龙无首，一片混乱。当法军占领镇南关时，清军已无踪影，唯有当地壮族百姓面对烧杀成性的敌人，操起大刀、长矛自发抵抗，白天黑夜不断突袭敌营。壮族人发誓："我们将用法国人的头颅，重建我们的门户。"

1885年3月，冯子材率"萃军"到达边关前线后，选择了镇南关高山峡谷有利地形，于距离镇南关约四公里的关前隘修筑了一条高七尺、厚二丈、长三里的城墙，与两面高山相连接，又在两边上修筑防守碉堡，形成既可攻又可守的坚固工事网，还有镇南关东边的油隘、西边的水口关驻关防守、助攻。清军分成前、中、后三个梯队，分级防守，相互声援。在战术上，他们采取主动出击，诱敌深入，左右包抄，近战肉搏的方法，以我之长克敌之短。

3月23日，法国侵略者果然忍耐不住，终于向镇南关的清军阵地进攻。3000多名法国侵略军在尼格里的率领下，于凌晨烟雾茫茫之中，越过镇南关关前隘。狡猾的敌人为攻破关前隘城墙，首先发起攻取左边山上碉堡的战斗，企图占领制高点，于是双方展开了激烈的争夺战。从上午直战到天黑，法军攻占了两个碉堡，但最重要的碉堡仍在清军手中。第二天，敌人又发动进攻。清军打开城墙栅门，蜂拥杀出，预先埋伏在城墙外的300多名“敢死队”突然从地下“冒”了出来，用大刀、钢矛、火药包，与法军交合在一起，展开了肉搏战。关前隘一仗，毙敌千余，擒获数百，并夺获枪炮、干饼不计其数。不可一世的法国侵略军丧魂落魄，退出了镇南关。

冯子材

冯子材统率的各路清军，乘胜追击。3月26日出镇南关，至29日，先后克复文渊、驱驴和越南重镇谅山。法侵略军司令尼格里身受重伤，接任司令的爱尔明加把成袋成袋的银子和大批武器弹药扔进河中，率败军拼命向南逃窜。清军紧紧追击败逃的法军，先后克复了屯梅、谷松、观音桥，直捣郎甲、船头。镇南关大捷，扭转了中法战争战场上的被动局面。后来，历史学家把这次大捷称为中国反帝斗争中从未有过的一次大胜利。同时，它的影响极大——“几使巴黎闹成革命，引起茹费里内阁的突然倒塌”。

自此，法国人望关生畏，不敢再越雷池半步，他们不得不承认镇南关为“东方第二旅顺口”。中法战争之后，广西提督兼边防督办苏元春奉命卫戍边关，发动当地壮族百姓苦心经营10年，修建起一道东起镇南关，中经平而关，西至龙州水口关的坚固防线——大、小连城，被誉为“南陲长城”。三座雄关像一条数百里长的铁链上三把巨大的铁锁，牢牢地锁住了中国南部的国门。

22年之后的1907年12月2日，镇南关又见证了自置关以来的第二次重大战争：孙中山发动和领导的镇南关起义在这里爆发。

孙中山原先在防城发动的起义，遇到了清政府反扑。出现挫折后，孙中山想到要在镇南关和水口关再发起新的义举，然后沿左江东下占领南宁、梧州，直下广州。

多年来进行反清革命运动的孙中山在同盟会越南河内总部召集会议，商讨起义事宜。会议最后决定水陆两路进军，袭取南宁。水路由左江下达至南宁郊外的三江口；陆路由凭祥、宁明、上思，会合大山、钦州各地的民军10万向东挺进，水陆夹击。夺取南宁后，马上建立中华国民军军政府，以孙中山、黄兴为正副大元帅，宣告中外，并行使军用券。之后，广泛招募民兵入伍，扩大武装力量。由南宁一路北上，袭取桂林，入湖南；一路由梧州东进广东，与各省革命军会合，然后北伐，推翻清王朝，成立中华民国。

起义工作准备就绪后，孙中山决定由壮族将领黄明堂率兵进攻镇南关的镇北、镇中、镇南三座炮台，同盟会会员、清军守台哨官李福南做内应。

12月2日子夜一声枪响，黄明堂率领的这支奇兵突袭镇南关第一天险——石顶山炮台。孙中山的三色旗帜便插上了镇南关右辅山顶。

清政府接到孙中山的革命军占领炮台的消息后，急电两广总督张人骏和广西巡抚张鸣岐，限令守军龙济光、陆荣廷务必于一周内收复炮台。

起义军奋战至第7天，炮台已经弹尽粮绝，连喝的水也没有了，革命军被逼弃关退入越南境内。

终于，震惊中外的镇南关起义功亏一篑。

由于镇南关起义失败，孙中山未能实现这一雄心勃勃的理想。之后，孙中山又再次在中越边境发动了防城、上思起义和云南河口起义，这是辛亥革命的前奏曲，这些起义动摇了清王朝的统治。

时隔百余年，金鸡山悬崖下的友谊关，光荣与梦想，失败与痛苦成了陈列。陈列室里有枪榴弹、手榴弹、炮弹壳和未爆炸的炸弹，还有带着缺口的大刀片，还保持着击发状态的洋枪，染血的旗帜，钢刀劈破头颅那沉闷悸心的声音……

边关的月亮圆了又缺，缺了又圆，边关的溶溶的夜色中，又传来熟悉的笛声，悠扬，平和。

今天，友谊关前的凭祥已变成了一座和平的边境城市。街道两旁种植着热带植物棕榈、芒果树等，使街道上浓荫蔽日。在浓荫下，街道旁，两国的边民来来往往，又使小城显得十分热闹。在长期的历史岁月中，来到这里的人们与壮族人民携手开辟了这片水域，使左江水常青，人的生命更加美丽。

第四节　壮阔的右江

右江流域，泛指右江河谷及周边地区。

河谷两岸从西北走向东南，长约100公里，宽约15公里。含上游的百色市区至田东县的思林镇，总面积近1000平方公里的广阔地域。这里的壮族人口占总人口的95%以上，高于整个流域80%的比例。

山阴浓重，谷风苍凉，氤氲雾气，遍地芒香。右江之水在温暖的阳光照耀下静静地流淌。如果说，左江流域的历史文化是那样的鲜活，那么，右江流域流淌的故事更显得如此壮阔。

1852年，法国传教士马赖擅自进入中国内地湖南、贵州等地活动，1855年又进入广西西部偏僻地区西林县进行传教活动。1856年，马赖被告到官府，知县张鸣凤将马赖处死。这就是历史上有名的“西林教案”。此案后来竟引发第二次中法战争，法国借“马赖事件”派出远征军与英国组成联军，开始了对中国的武装侵略。1858年5月，英法联军攻占了大沽口，逼近天津，并扬言进攻北京，清政府慌忙派代表赴天津谈判。咸丰八年五月十七日（1858年6月27日），中国在法国的威逼下，被迫签订了《中法天津条约》，这个共42款另加6条附款的不平等条约，不仅使法国如愿打开了中国之门，还得到了200万两银子的赔款。

西林在哪里？

有人戏称它为“广西区委（尾）”，这是一句笑话，因为它确实在右江流域靠着广西西北角上一个小小的县份。准确地说，它地处广西、云南、贵州三省区交界。

早在公元前的商周时代，这一带就有了古越人活动的足迹，尤其是到了公元前100年，以西林为轴线的古句町国应运而生。西林就是句町国的政治中心，这个山中的小谷地，就是当年的王城，那两座古墓就是句町国王禹的墓地。用铜棺和铜鼓入墓，在中国是仅见的独例。

在西汉，我国冶铸技术已相当发达，深山老林中句町国的西林竟能铸造出那巨大漂亮的铜棺和精工细作的铜鼓，连同上面那些精彩绝伦的图案花纹，使后人不得不惊叹古越人高超的艺术造诣和发达的青铜文化！

论实力、疆土，句町国都在夜郎国之上，年代也比夜郎国久远，它从春秋到南朝，在历史舞台上延续了一千多年。根据有关史料记载，在当时的排名中，句町国都排在夜郎国之前，但世人对句町国知之不多，对夜郎国却耳熟能详。夜郎国名声比句町国大，主要是由于“夜郎自大”这一典故更为人熟知。

同样就在西林县，有一个依山傍水的村庄，叫那劳寨。如今在寨子仍然屹立一隅的岑氏建筑群，能让人们感受到当年的那种鹤立鸡群般的堂皇。人们称这建筑群为“宫保府”。寨南一组“宫保府”，建有十多间青砖、瓦木结构的庭院式房屋，前厅大门上悬挂着涂金粉的雕龙门匾，府内除前厅、正厅、后厅、厢房外，还有增寿亭、岑氏宗祠、将军庙等，总占地 8000 平方米，过去前厅门前两侧还立有石狮、石童、关公、张飞塑像，进门两旁陈列有大炮、大刀、长枪、长矛等各种兵器，正厅内悬挂有慈禧太后御笔的“福寿”、“松竹”字匾。

寨北一组“宫保府”占地约 5000 平方米，门朝田园，视野开阔，除前后、左右厢房，还建有“南阳书院”、“思子楼”等，檐梁雕龙刻凤，壁上绘画，工艺精美，府前后院种植松柏、石榴、月季、桂花等，如此建筑会出现在这片无垠的高山峻岭上，令人难以置信。

这个只有几十户壮族人家的小山村，在清朝末年，竟出现“三总督”，他们分别为岑毓英、岑春煊、岑毓宝。岑毓英，壮族，西林那劳人。1856 年起任云南宜良知县、路南知州，1868 年升任云南巡抚，1872 年任贵州巡抚、福建巡抚，并奉命督办台湾海防。1882 年升任云贵总督，指挥黑旗军抗法，被朝廷封爵号“太子少保”。后来带银两回家，建成这一“宫保府”。岑春煊，岑毓英的三子，1885 年中举，曾任广东布政使、甘肃布政使。八国联军进犯北京时，他率部“勤王”，护卫慈禧太后和光绪帝到西安，后升任陕西巡抚，又调任山西、广东巡抚，又升任四川总督、两广总督。1916 年，任军务院副抚军长。1920 年被粤军驱之，遂避居上海，日寇侵犯上海时，资助十九路军抗

战。岑毓宝，岑毓英的三弟，清咸丰初年，投清军，文武兼备，勇于战阵，累立战功，为清廷嘉奖，赐予“额图晖巴图鲁”（即今天的战斗英雄）称号，官居二品，赏戴花翎，先后任福建盐运使，云南观察使、云南布政使职。1883 年，岑毓宝随岑毓英出关抗法，多次挫败法军。1889 年岑毓英病逝，岑毓宝代理云贵总督之职。此后他对清廷极为不满，辞官退居西林老家，组织“维新团”，不久，百日维新失败，岑毓宝人生失意，吞金自尽。

应该说，这三人，在当时打破了右江两岸的寂静。那时，能当上总督的壮族人，肯定不是一般人。那是历史，也许也因了右江的水。至于他们的功过与是非，也应由历史去评说。

右江之水是养人的，它还滋养了中国历史上的一位巾帼英雄——瓦氏夫人。

瓦氏夫人原名岑花，生于明弘治九年（公元 1496 年），是壮族土官岑璋之女。她自幼就聪慧好学，攻读诗书，习武练艺。十五岁时嫁与田州（治今广西田阳县）府指挥同知岑猛为妾。这本是一桩政治婚姻，岑花的父亲为了自己土司势力不被吃掉，而被迫把女儿嫁给强敌的土司。嘉靖六年，田州处于混乱之中。田州土官府同知岑猛成了明王朝内部宦党、权党斗争的牺牲品，被朝廷追杀至死。

瓦氏夫人此时处在艰难的时期。亲生儿子岑邦彦战死疆场，瓦氏与儿媳妇赵氏（邦彦妻）和孙儿岑芝逃亡乡间。赵氏闻知邦彦死，上吊自尽以殉夫，留下岑芝，尚在哺乳之年。瓦氏这时成为了寡夫人，年仅 31 岁。她面对的局势，于家，家破人亡；于地方，则江河破碎，满目疮痍；于子民百姓，则纷纷出走，流离失所。这位壮族女人从悲痛中，毅然担当起收拾残局、整治田州的重任。她挺身而出，力挽狂澜，稳定了政局。

经过瓦氏的招抚，昔日那些“流离载道”的百姓得以返回故里，料理生计，渐得安宁。民众安宁，生产自然得到发展，从而使“蓬蒿满目”的田州出现了转机。瓦氏经历过颠沛流离的生活，深知百姓的疾苦，她不仅访贫问苦，而且招集散亡，帮助百姓重建家园。

历代土司官多系武夫，桂西一带教育堪称落后，当地即使开办了一些书院、社学、义学，也是为土司官族子弟开门，而一般壮族百姓的子弟是不准入学就读的。瓦氏却很开明，她倡导“修建义学，择土民子弟教诲之”。瓦氏让他们入学，施以教育，开发民智。

瓦氏夫人当政期间，对土司的政治弊端做了若干改革，惩处了一些作恶多端的奸吏。此外瓦氏对邻近的各个土司则实行睦邻政策，与各土司之间相安无事，各治斯土，仇杀之事得以平息。

聪慧的瓦氏夫人还深知丈夫岑猛在世时，与明王朝的矛盾甚深，导致杀身之祸，因而田州与中央王朝的矛盾一度趋于激化。她认为这种紧张的关系对田州土司、对明王朝都是不利的。瓦氏主持州政后，明王朝与田州土官双方达成妥协让步，中央王朝仍然承认岑氏土官的世袭地位，而瓦氏表示效忠于明王朝。田州岑氏土司与明王朝的矛盾在一定程度上得到解决。瓦氏治理田州的建树，在壮族历史上的女土官中是独一无二的，在中国各民族的历史上也是罕见的。

历史还记录了瓦氏更为壮丽而伟大的一页。瓦氏以一躯女身，统率大兵，驰骋疆场，为国屡建奇功，成就了一段段壮丽的传奇。

嘉靖三十三年（1554 年），倭寇扰乱我国东南沿海，明朝官兵屡屡败绩，江浙人民处于倒悬之中，不得已而招勇敢善战的桂西壮族“俍兵”。令到之日，田州上下一片哗然。此时，瓦氏夫人以中华民族安危为重，以解江浙人民倒悬为念，力排众议，毅然披挂，以 57 岁的高龄背着年仅 5 岁的重孙率师千里赴命。瓦氏夫人率师到达抗倭前线后，横刀立马，身先士卒，披发入阵，在江浙，瓦氏夫人真正意义上的军旅生涯，才算正式拉开帷幕。

瓦氏夫人

嘉靖三十四年（公元1555年）五月，瓦氏夫人率师与朝廷官兵及各地土兵协同作战，取得了王江泾大捷，扭转了整个抗倭战争的形势。因此江浙人民用歌谣传颂：“花瓦家，能杀倭！”这是瓦氏夫人一生中最为灼灼的事迹。

瓦氏夫人踏上这片本是鱼米之乡，却饱经蹂躏的土地上，一览万里残阳如血的长空，看见自己的俍兵一个个因打了胜仗无不精神抖擞，果然惬意。王江泾大捷后，世宗皇帝犒赏瓦氏夫人。夫人获赏银三十两，彩缎三表里，由于瓦氏夫人在抗倭中“屡立战功，皇上诏给瓦氏二品夫人”。

瓦氏夫人生在偏僻的壮乡，她深明大义：王朝治下的土官，其职责就是安定地方，保卫边防，维护国家的统一。从这一点上来说，瓦氏夫人是壮族的良知和良心，更应该是中华民族的一面镜子。她是历史上壮族人民维护祖国统一大业思想的传承，是自俚帅冼氏夫人以来俚僚族群女子智慧、胆识、气概的集中表现。

在中国历史上，究竟有多少女性可称为“巾帼英雄”？有花木兰，有佘太君，有穆桂英。木兰出现于北朝的《木兰辞》里，是文学作品里的人物，而且仅有名无姓，明嘉靖后才有姓；佘太君、穆桂英据说是北宋杨家将里的人物，然翻开《宋史》，却查找不见其人。唯有右江河谷的“土官妇”瓦氏夫人，在中华民族面临外侮入侵、人民处于水深火热之时，不计个人、家庭恩怨，嫉恶如仇，以老迈之躯效劳国事，身先士卒，力战倭顽，扭转了战局。这种精神，这种气概，这种功绩，早已载入中国正史，正是有了这样不畏生死，不计个人得失的中华女儿，才使得几千年的历史和文明得以延续。

奔涌的右江水裹挟着时光向东流淌，唤醒了人们更多的回忆。波澜壮阔的往事如滔滔的江水，流在人们的灵魂的深处，挥之不去。

人们永远不会忘记在中国现代化进程中有一位功勋卓著的人物，他就是中国改革开放的总设计师邓小平。1929 年 12 月 11 日，邓小平和他的战友李明瑞、韦拔群等在右江河谷成功地发动了百色武装起义，成立了中国工农红军第七军。邓小平和他的壮族战友们一起发动组织了群众抗租抗税，进行反封建反压迫反剥削的斗争，建立了红色的革命根据地，为中国的无产阶级革命作出了巨大卓越的贡献。他和李明瑞、韦拔群光辉的形象，为人们所景仰；他们战斗的历程，为人们所传颂。

1961 年，广西壮族自治区人民政府正式把当年红七军军部的粤东会馆列为自治区重点文物保护单位，同时在此建立了“右江革命文物馆”。1977 年 8 月 17 日，邓小平亲自挥毫题名：中国工农红军第七军部旧址。1988 年 1 月，国务院把粤东会馆列为“全国重点文物保护单位”。

百色的矿产资源十分丰富，矿产种类多，储量大，已发现 57 个矿种，其中铝土矿、水晶、褐煤等储量居广西首位。铝土矿远景储量达10亿吨以上，仅平果县境内储量就达2亿多吨，足以开采50年以上。平果铝的建设，改善了广西民族地区群众生产和生活，有效地整合了水、电、煤炭、交通运输等资源，并在一定程度上满足了国内氧化铝的需求，对广西乃至全国产生了重大的经济影响，具有深远的历史意义。1986年9月13日，邓小平作出了“广西平果铝要搞”的指示。20多年过去了，平果铝已享誉海内外，平果铝产品各项指标都处于国内同行业领先水平，并且大部分已达到世界先进水平。在平果铝的影响和带动下，平果铝型材厂、平果强强碳素厂、百合化工股份有限公司等一批铝生产加工企业及铝工业辅助企业相续建成投产，铝工业已成为百色市的支柱产业。

百色地下物产丰富，地上更是瓜果飘香。如今，走在百色的道路上，我们随时都可以看到，公路两旁的田野或坡岭到处都种满了芒果、龙眼、香蕉、荔枝和蔬菜等。这些蔬菜和水果，在收获的季节，总是源源不断地运向四面八方。百色已经成为全国重要的反季节蔬菜和亚热带水果的生产基地。

这些都是百色最美丽的景色。它们装点着百色，滋润着百色，养育着百色。它们让百色一年四季充满活力，光芒四射。

右江之水是永不停息的。于是，有了壮族人一路永不消停的壮行。这是壮乡特有的一种气息。

第五节　家在山水间

一代旅游大家徐霞客游历过壮乡许多山水，对山水有过太多的思念，并为壮乡山水而陶醉。在《徐霞客游记》中，他写完了当日游历之后，畅快地说：“以酒饮余，遂醉而卧。”此时，徐霞客真是为山水而酣了。

对于壮乡的山水，素负盛誉。其实，只要到了桂林，谁都会爱上这美轮美奂的山水。回头看一看从张九龄、王昌龄、杜甫、柳宗元、李商隐、黄庭坚一大串数不完的中国文豪们，他们的笔下都有桂林山水美美的一笔。唐代诗人韩愈对桂林山水发出了“江作青罗带，山如碧玉簪”的赞叹，“桂林山水甲天下”，已为中外所共识。这是自然界对壮乡，对人类的最佳馈赠。当人们穿行于壮乡就会随时看到岩沟、石灰岩孤峰、石林、河流，这是喀斯特地区特有的面貌。喀斯特孕育出来的山峰是十分奇妙的。

桂林就是一个最突出的代表。

漓　江

纤细柔美的漓江由北向南款款穿城而过。漓江边上，有一座山，像一头大象，站在江边，正伸出大大长长的鼻子，插入江水里痛快地抽水喝。这就是桂林山水象征之一的象鼻山。这座山，不仅形似神似大象，而且是在适当的地方出现，给秀丽的漓江平添了几分意趣。试想，如今的广西并不盛产大象，却有一头大象流落在一座城市的江边，岂不是一份意外的惊喜？凡到桂林的外地游客，都喜欢到象鼻山底下看看，照个相，因而也畅游漓江，饱览漓江美景。

天地之间有大美。即使是那些走遍万水千山的文人骚客也不得不承认桂林山水超出他们想象之外的美。当代诗人贺敬之有一首脍炙人口的诗篇叫《桂林山水歌》，诗中写道："云中的神啊，雾中的仙，/神姿仙态桂林的山！/情一样深啊，梦一样美，/如情似梦漓江的水！"诗

象鼻山

人是真动情了，这是壮乡山水给作家的激动，挡都挡不住。以至于著名作家贾平凹认为桂林本身就是那山和水变化莫测的符号，正是因为有了桂林山水的存在，才有了中国的水墨画。难怪更有许多如刘白羽、杨朔、方纪、秦牧、梁衡们，他们的笔端同样赞美着"永远的桂林"。

桂林山水甲天下，壮乡处处是桂林。

壮乡 23.6 万平方公里的土地上，处处都可以看到形形色色的山，北部五岭山脉，中部九万大山，南部十万大山，有孤峰独处，有连绵起伏；有雄奇有秀拔；有山间小溪，有崖上飞瀑。在这些奇山清风之

中，人们可以尽情地享受“春之岚、夏之瀑、秋之云、冬之雪”的“岭南奇山，人间仙境”之厚福。

太美了，即使人们行至中国的边域，生活在这里的壮族人始终认为他们都是桂林人。

大新县是壮族聚居县，县内喀斯特群山中穿行着一条归春河，是中国与越南的界河。

归春河发源于广西靖西县新圩乡布头屯，全长150多公里，向越南流去，几经迂回又从越南流回广西大新县的德天屯。正巧，这里是个断崖绝壁，河水从断壁的树林中飞泻而跌落，形成了壮观的瀑布，温柔的涛声闹酥了两岸的百花。瀑布撞在河中升腾的水雾，像来自天宫的玉液琼浆，诗一般地飘着。河那边的越南柳树竹林有它的滋润而泛青变绿，河这边的中国木棉和杜鹃因它沐浴而绽红吐紫，两岸的景色倒映在归春河上，归春河就像一条花的河在缓缓地流动。

德天瀑布

德天瀑布宽120米，落差70多米，纵深60米，三级跌落。与紧挨的越南板约瀑布相连宽200多米，被称为亚洲第一大跨国瀑布。夏秋的南国是多雨季节，也正是德天瀑布水源充沛，气势最为宏大的时候。只见白中略黄的瀑布一级级地冲撞下来，升腾起的水气在上空弥漫，朦胧欲仙。随着天空渐渐亮起，眼前的景物也越来越清晰了。目睹这个渐变过程，简直就是在观赏一幅正在逐渐显影的照片。说是照片并不准确。人们若不亲临其境，就不会感受到这种亲临其境的震撼，它是边地的山水画廊最壮观最动人的一幅。如果说板约瀑布像一位贤淑的美少妇，那么，德天瀑布就是一位动人心旌的伟丈夫。天地间竟有如此神奇的造化。

立于1896年的中越边境的53号界碑，直挺挺地矗立在瀑布顶上的石丛中，黑石的界碑历经多年的风雨剥蚀，但“中国广西界”5个字的刻纹，仍工整有力，清晰显眼。界碑的周围，安详的彩色鸟在上空自由飞翔，中越边民友好相处，归春河的那边有越南人三五成群走来，两国边民相互招手致意，友好的微笑挂在脸上。

硕龙镇坐落在界河北岸，与南岸的越南里板村隔江相望，鸡犬之声相闻。

硕龙全镇壮族人口一万多人都讲壮语，附近的越南边民也讲壮语，即使是外地来做生意，或在当地海关，银行的工作人员都通晓壮话。

中越两国山水相连，唇齿相依，而且边境两侧的民众基本上同属一类人种。长期以来，当地壮族人与越南边民友好往来，彼此建立了深厚的情谊。许多文化交融事象的内涵，都从古代传承了下来。尽管在国家问题上各有所属，特别是在政策和策略上，不可能完全有同一的意识，但在文化上，相互之间，一直保持着认同和互动关系。

中国史籍《古今图书集成》卷1448页载，中越边境中国广西一侧的结安州（今广西天等县境内）人“居址无定”，全茗州（今广西大新县全茗乡和隆安县都结乡）人“民无定居”。越南史籍《大南实录》正编第二纪卷七十载，明命十一年（公元1883年）十二月，“惟侬人刀耕水耨，迁徙不常”。两国史籍印证，20世纪上半叶侬人还在迁移中。

民族学家范宏贵先生在《中越跨境民族简论》一文中说了这样一件事：“抗日战争时期，有的壮族人避居越南。广西龙州县金龙乡其逐村的村民，为了逃避国民党政府的抓兵拉夫，有一部分人越过边界，在越南定居。直到现在，在中国一侧的称为下其逐村，在越南一侧的称为上其逐村，两村相距不足一华里。在中国的叫壮族，在越南的叫侬族。”山水相连，血脉也相连。20世纪50年代初期，越南小朋友每天都到硕龙来上学。放学的时候，老师们都把他们送到关口。归春河早已是国界，但那时的居民却还有田地在河的那边，他们经常过去耕种。两国边民的婚嫁也不受到限制，中国的女人可嫁到越南去，越南的女人也可嫁到中国来。时间长了，两国边民之间的亲缘关系千丝万缕。

20世纪50年代后期，两国的国家管理体制进一步健全，两国都设立了海关和边防检查站，两国都升起了各自的国旗，都有卫兵守护国门。从那以后，越南小朋友不再来硕龙读书，硕龙边民也不再到对河耕种了。但是，硕龙作为口岸，向越南开放，越南边民还常到硕龙街上来赶集做买卖。就是20世纪80年代两国关系紧张时，这种交往中断也不长久。如今，中国实行和平外交，构建和谐世界，中越两国成为发展战略伙伴关系，开展边贸活动，交往就更频繁了。

正是这种情况，边境至今跨境民族之间的接触和交往依旧非常密切。边境两边的边民基本上是从事自给自足的农业经济。他们为获取所缺的铁制农具、锅碗、棉花、服装、家用电器、食品等必须与其他民族进行交易活动。边境两侧都有定期的圩日，他们越过边界去赶圩，把自己有优势的土特产品拿到圩市出售，买回自己需要的商品。那些有血缘关系或姻亲关系的边民交往更密切，闲暇时互相走访，节日和婚丧喜庆的日子必定前往。同族人和亲属感情往往超过其他观念和感情。至今，祖孙两代、兄弟姊妹、堂表兄弟姊妹、叔伯与侄儿、舅舅与外甥等分居两国的现象还不少。单是宁明边境与越南有这种关系的壮族人家就占宁明县总人口的20%。每当清明时节，越南的边民，通过口岸和山路络绎不绝到中国一侧扫墓祭祖，顺便探访亲友，小住几天才回越南。

这便是亲情，这便是家，这便是生存。像这里的山，像这里的水，又碧绿又殷实。

假如说，山是壮族人的身躯，那么，水，就是壮族人的血脉。

因此，壮族人热爱着这些山，这些水，这是他们的家园，他们认为这完好的生态是神给予的。

通灵峡谷位于广西古龙山水源林自然保护区内，距靖西县城约30公里。峡谷全长约1000米，宽200米，深300米。犹如地球突然裂开一条缝，形成一个硕大的“天坑”。峡谷集瀑布、天坑、地下河、溶洞、丰富的自然植被为一体。

步入峡谷，但见古树老藤遮天蔽日，山涧清流急湍直下，溶洞景观天然独特。峡谷是神奇的，走进去，就意味着走进一个悠远天然的世界。

最令人叹为观止的是峡谷内生长的多达2000多种的各类珍稀植物，毫无疑问，这是一个上亿年的森林。这里有与恐龙同时代的桫椤群与莲子观音坐蕨，硕果累累的桄榔树，奇异的咬人树，还有金丝李、枧木、火焰树等。1976年，毛主席逝世，后人在天安门广场给他盖了个纪念堂。园林专家们就特意来到通灵峡谷选择了火焰树、梧桐树等4种珍稀植物，千里迢迢运到北京，作为纪念堂的风景树种。中国科学院植物研究所专家们对通灵峡谷考察后作出了权威性的评价：“除西双版纳外，这里是植物种类最多的地方。”身处峡谷的壮族人此刻似乎明白了这古老而茂密的植被，用它浓荫匝地的枝叶和繁密发达的根系，吸取天地精华，蓄积风霜雨露，涵养着江河之源，然后绵绵长长地流过石头，流入泥土，灌溉谷田，维持民生。

冰川过后，地球上其他地区的桫椤基本灭绝，但在壮乡靖西通灵峡谷的桫椤，却顽强地生存了下来。这些劫后余生的桫椤树在此后的岁月中，伴着云卷云舒，年年花开花落，不断地争取自己的生存空间，通灵峡谷竟成为桫椤的生态公园。通灵峡谷注定成了漫长的史前世纪留在地球上的一个微缩景观，桫椤也注定成了一枚历尽磨难却依然生机勃勃的古生物活化石。

桫椤得以生存，除了自然界的因素，更得益于当地壮族人的呵护。

在我国众多的民族创世史诗中，阐明了人与自然的契约。史诗对人与自然的依存关系作了形象生动而又精辟深刻的诠释。这些文本不断地向人们昭示了一条自然法则：人不能污染自然，不能过分索取于自然，否则就要招致自然的惩罚，这种惩罚甚至会让人无法立足于自然中，人与自然应兄弟般相处，才能和谐依存下去。这是人类面对着自然作出的一种反省和承诺。这种承诺，在壮族创世经诗《布洛陀》中明确阐明“树木不能砍，山石不能炸，水源不能毁，蛇蛙不能打”等规则，无不传达壮族先民们对于人与自然的关系的认识，如此辩证，如此清明，又如此智慧。壮族百姓早就认识，当人们盗伐一棵树时，可能会担忧自己最终将一无所有，失去了就再也找不回来，哪怕人们面对一个森林或一千个森林。

因此，居住在这里的壮、瑶、汉等民族的人们善待它们，善待这些桫椤群，善待这美丽的山水。

山水也回报了生活在这里的人们。

在红水河巴马境内最大的支流盘阳河，人们又称它为长寿河，它发源于凤山县的地下暗流，这条发育于岩溶奇观的地下河，曲曲山回转，峰峰水抱流，在整个过程中四进四出，时隐时现，在群山之间沉沉浮浮，神神秘秘，构成一河多洞，洞洞清幽的天然奇观。

盘阳河以它圣水般甘甜的乳汁，孕育了巴马一代又一代长寿老人，演绎了一个又一个长寿的传奇。

1991 年，巴马县被国际自然医学会第十三届年会确认为世界长寿乡。成为继苏联的高加索、巴基斯坦的罕萨、厄瓜多尔的比尔卡班巴和我国新疆和田的阿克苏地区之后的第五个世界长寿之乡。

1964 年，第二次全国人口普查，发现巴马的百岁老人有 28 人；1982 年全国第三次人口普查，巴马的百岁老人增至 50 人；到 2000 年第五次全国人口普查时，巴马的百岁老人多达 74 人，呈逐年上升趋势。90 至 100 岁的长寿老人有 456 人，47 年间，巴马 90 岁老人增加了 366 人，而百岁寿星也新增了 46 人，长寿老人占总人口比例之高，位居世界长寿地区之首。

让世人不可思议的是：被命名的世界五大长寿之乡中，另外 4 个长寿乡的百岁老人呈逐年下降趋势，有的甚至已经没有百岁老人了。而巴马是世界上唯一长寿链条没有断裂的长寿之乡，也是百岁老人数量呈现持续上升趋势的地方，这其中有什么特殊奥秘呢？

盘阳河位于石山与丘陵交错的地质断裂带，这种独特的地理气候条件，使得空气中的负氧离子浓度非常高，据专家测定，每立方米空气中含负氧离子高达 1.5 万～2 万个，几个长寿村更是高达每立方厘米 3 万个，而在一般城市，每立方厘米是 1000～2000 个左右，巴马空气负氧离子超出了城市的十几二十倍，被誉为空气维生素和生长素的负氧离子，不仅能起到净化空气的作用，而且对人体增强抵抗力、促进新陈代谢过程、消除呼吸道炎症等具有十分重要的作用。

所以专家们说巴马长寿现象是因为这里的负氧离子高。

然而，其他地区负氧离子高的地方，为什么养育不出如此众多的百岁寿星？人们还需关注巴马和谐的人居和社会环境。这里是一个多民族聚居的地区，民族文化丰富多彩，其中，壮族三月三，瑶族祝著节、盘王节，每一个节日都是敬老的节日。各民族真诚团结，尊老爱幼、人与人和谐相处、人与自然和谐发展。在这里，谁家有百岁老人令人羡慕，对于老寿星，人们崇敬有加。

巴马境内山清水秀，景色如画，环境宜人。这里的美在于山、在于水，更在于山水之间的人与自然的和谐。

所以来到巴马的人都说，巴马寿星之所以生命有序，恒久不衰，得益于人与自然的和谐统一，这是到了一个“天人合一”的境界。

这是一个十分宜居的生存环境，是壮乡的福祉。包括壮族在内的各个民族5000万民众，城乡比肩，杂居各处，共沐和美的山风，共掬甜美的河水，在绚丽的阳光下，无拘无束地享用这大自然的最美的馈赠，倾听这震撼天地的动人天籁，就像江河流淌着春天的微笑，都会情不自禁地在心里默默感慨：家住山水间，多么幸福，多么美好。

第二章

壮人的格调

第一节　山歌好比春江水

在中国的电影史上，有一部叫《刘三姐》的电影上映后风靡全国，它创造过 20 世纪 60 年代电影票房史上的奇迹。那个年代，中国的电影走出国门不多，《刘三姐》是走向世界的中国影片之一。当年《刘三姐》在东南亚，在香港上映时，都出现过万人空巷的场面。影片令人喜欢的主要有三点：即美丽的山歌、美丽的山水和美丽的刘三姐。

刘三姐，是壮族民间传说中一个美丽的歌仙，围绕她有许多优美动人、富于传奇的故事。

相传古时候，在宜州的下枧河畔，有一位姑娘叫刘三姐。她聪明美丽，能歌善唱。每当她的山歌唱起来，不仅乡亲们叫好。就连山上的鸟，听到她的歌声，也会痴痴地站在树上，不敢鸣叫；河里的鱼，听到她的歌声，也会呆呆地倚着清波，动也不动。中秋月下，刘三姐和村里的阿牛哥相遇了，他们

刘三姐

以歌盘唱，以歌传情，将相爱的红绣球抛给了自己的心上人。可是，下枧河畔的财主莫怀仁也觊觎着刘三姐的美丽，他命媒婆上门提亲，被刘三姐拒绝了。他又威逼恐吓，要立即收回刘家耕种的田地和所欠的银两。刘三姐急中生智，提出“三姐生来爱唱歌，你若唱得赢我，我就嫁给你”。自恃“有钱能使鬼推磨”的莫怀仁请来了陶、李、罗三位秀才，船装水载着一摞摞歌书自信而来，不料，“山歌本自心中出”，三位秀才在刘三姐开口成歌的智慧面前败得一塌糊涂，莫怀仁也被气得掉河水中。恼羞成怒的莫怀仁不甘罢休，勾结官府下令禁歌。刘三姐和乡亲们据理力争，以歌相抗。利令智昏、妒火中烧的莫怀仁最终撕下假仁假义的面具，带着家丁追杀刘三姐。在柳州的小龙潭边，在恶霸的屠刀下，刘三姐不甘屈辱，纵身跳下龙潭。传说在三姐跳下龙潭的瞬间，地面突然狂风大作，雷电交加，龙潭里红光一闪，三姐和小牛骑着两条鲤鱼直飞青天。雷电中，一条鲤鱼自空而下，变成一座大山，将手举屠刀的莫怀仁永远压在了山下。

刘三姐骑着鲤鱼沿着江河四处遨游，成了壮族人民世世代代景仰的歌仙。

其实，宜州不仅有美丽的自然风光，而且有大量刘三姐的传说和与刘三姐有关的遗迹。下枧河附近山崖插着她挑柴的扁担，岩洞口挂着她的毛巾，河边有她的洗衣石，河岸有她的对歌台。不过，最令人流连忘返的是，恐怕还是当地男女老少唱不尽的刘三姐传下来的山歌：

出门三步唱山歌，
二哥骂我嘴巴多，
从小得喝下枧水，
嘴里甜甜不奈何。

刘三姐会唱歌是因为喝了下枧水，宜州人会唱歌又何尝不是因为宜州妩媚动人的山川。到了宜州才知道为什么广西被称作歌海，到了宜州才知道广西人如何地爱唱歌，正所谓：

三姐生在下枧河，
下枧就是山歌窝，
三姐跟河传歌去，
五湖四海都是歌。

“如今广西成歌海，都是三姐亲口传”，这说明壮族人善歌。

壮族民歌雏形产生于氏族社会。据西汉刘向《说苑·善说》载，楚国令尹鄂君子晰泛舟湖中时，突然听到一阵阵悦耳的歌声，一打听，那是当时流行的“越人歌”。后经考证，是古越人的口头民歌，用今天的壮语仍可通读。《太平寰宇记》也有昭州（今广西昭平、平乐）壮族人“男女盛服，聚会作歌”的记载。毫无疑问，壮族人以歌代言，以歌行乐，早就是一种十分普遍的习俗。

壮族古代没有形成统一的文字。无论野外劳作、谈情说爱、婚丧嫁娶、亲戚见面、老友重逢都以歌声来表达自己的感情。娶亲时，女方亲友也要用对歌的方式来“为难”一下男方来接新娘的人。这种歌的对唱都是即兴而作，随编随唱，取胜者往往嗓音出众，聪明过人。

黑衣壮是最擅于诵歌的一个族群。

每当夜幕降临，男女老少或集于村头，或集于村中，或集于村尾，以歌代言，相互唱和。在黑衣壮的歌诵中，人们会常常听到反复诵唱“呢的呀”。“呢的呀”是广西那坡黑衣壮语的音译，汉语意思是“好的呀”。那坡黑衣壮歌唱时曲调以“呢的呀”起音，中间和结束都以“呢的呀”作为衬词加以穿插和收尾，使黑衣壮民间音乐中具有独特的“山野风味”。当那坡黑衣壮人那“呢的呀”的诵唱穿越大石山的沟沟岭岭，山山寨寨，人们就会探究这诵歌后面的古老故事，探究这代代传承下来的原始状态。

黑衣壮没有所谓的“史诗”，但丰富的诵唱与许多民族的史诗基本

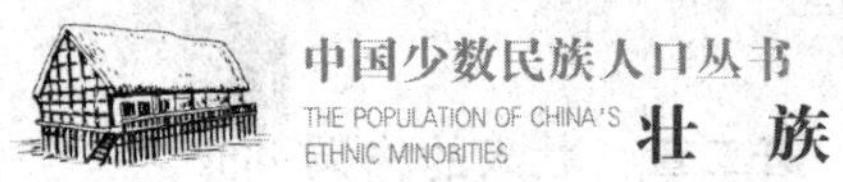

相同。也许，“呢的呀”的旋律有助于记忆。长期以来，形成习惯，以致迎亲送友、节日喜庆、谈情说爱、祭祀治丧都以诵歌的形式来表达情怀，甚至妇女们叙家常也以诵歌的方式进行。他们自称的诵唱共有30多种。每种长短不一。诵唱一般在晚间举行，从午夜到清晨，连续唱五六个小时。短的只诵唱一晚，长的可连唱九晚，诵唱的主要内容是故事。有各种各样的故事：关于种族起源的、迁徙的、邻族的、自然界的变化的……在故事中，动物与自然，如山、水、风、雨、雷、电、彩虹等都和人一样，活泼地扮演着会说话的角色。诵歌联想力的丰富，词汇的美妙，只是没有复杂曲折的情节。诵歌还有反映青年男女相互爱恋的，也有反映夫妻恩爱白头到老、家庭和睦的；有反映迎新接客的，也有反映送亲送客的。

黑衣壮人诵唱的内容反映出黑衣壮悠久的历史和独特的文化，反映出对大自然和人类的朴素认识，反映出他们与自然与其他民族的朴素关系，也反映出黑衣壮社会家庭婚姻制度的变迁。

对　歌

文化是通过人而得以保存的，然而，也许正因为壮族人过去没有自己的文字作为历史及文化的记载工具，才使得他们的记忆力超群出众。在那坡，人们常常惊叹壮族人那惊人的记忆力。

马独屯就有一位老人能讲述数百个民间故事，能唱数不清的古歌和情歌。壮族人或独唱，或对唱，或联唱，男的会唱，女的更会唱；老的会唱，少的也会唱，你唱我唱他唱，全村人都沉醉于歌海之中。生活在偏僻的大石山区里的壮族人，诵歌使他们山山呼应，寨寨相传，人人同心；诵歌成了他们对平安和谐的渴求，也成了黑衣壮文化传习和传播的方式。

壮乡素有歌海之称。百鸟鸣唱山中，山音是歌；溪流穿越峡谷，水声是歌；雨打森林，风吹洞穴，天籁是歌。壮乡无处不是歌。

是什么力量使这片广袤的歌海涌动着恒久的歌的波涛浪花？答案只有一个：壮族人不倦的心灵。

走进壮乡，古朴山歌迎客方式更显示出壮族独特的魅力。客人进村时，不论男女老少，都会主动用歌声问好，而不管语言是否相通，不管是否相识，他们总会邀请客人到家做客，以最好的饭菜招待客人，腾出最好的地方安顿客人，他们给客人夹菜、敬酒、盛饭。一群身穿盛装，戴着精巧漂亮的银首饰的年轻男女手拿酒壶酒杯，一边唱起歌，一边向客人敬酒。此时，空气里都是音符，大地上都是琴键，挥挥手，跺跺脚，便有歌声应和，此起彼伏，像是藤与树在缠绕、心与心在倾诉。

“山歌好比春江水，这边唱来那边和。”

因为民歌，让壮族走向世界；因为民歌，让世界聚拢壮乡。广西壮族自治区首府南宁，是“天下民歌眷恋”的地方。这里，壮族人以歌会友。每年，金风玉露一相逢，南宁就会变成一座大舞台——群星璀璨，大地飞歌。这时的南宁，绿漫百千街，花飞一座城。

南宁国际民歌艺术节已经成功地举办了12届，每一届的国际民歌艺术节，世界各种肤色的歌唱艺术家汇聚华夏歌乡，成为国际民歌艺术的辉煌盛典。在民歌的海洋里，有中外歌唱家的演唱会、中华民歌大赛、山歌擂台赛、“东南亚风情夜”。汇集了我国56个民族的歌手，他们带来藏族民歌、蒙古长调、宁夏花儿、土家山歌、陕北民歌等，来自南斯拉夫、柬埔寨、印度尼西亚、新加坡等国的艺术团，来自澳大利亚、俄罗斯、美国、法国、英国、丹麦、加拿大、罗马尼亚、保加利亚、瑞典、日本、韩国、越南、老挝等国家的著名歌手，同壮乡儿女一同漫游在魅力无穷的歌海里。

民间文化赋予民歌的灵魂，铸成壮乡发展的宝塔，滋润生命的欢乐。刘三姐的歌声响起，水雾云彩，顿时似梦非梦、人间仙境。21世纪初，由著名导演张艺谋等导演的大型山水实景演出《印象·刘三姐》借助于桂林山水美丽的风光为背景，将山水、传说和壮族独特的民族文化内涵融为一体，更是创造了刘三姐文化传播与利用的奇迹。

张艺谋说：“《刘三姐》电影诞生以后的很多年里，那个唱山歌的壮族女子便成了许多人倾慕的对象，而生养她的这片山水，也成了人们梦里常常游历的地方。今天，我站在山水之间，去寻访那个叫刘三姐的女子和唱山歌的梦。渔夫们告诉我，她是歌仙，眼前那座山峰便是她的化身，在晴朗的夜里，她会回来，唱着山歌走进你的梦……说起对刘三姐的印象，我们开始向刘三姐的音乐致敬，也希望能通过一些特别的场面，唤起观众的怀旧感。因为那时候一部电影红遍全中国，相信全国观众对刘三姐的印象，也跟我一样，就是歌好听人漂亮。”

此时此刻，一种腾腾的热闹，腾腾的山光水色，是人在兴奋，置身其中，所有的人也会自然地兴奋了起来。

由此，人们不禁想起了19世纪两位著名画家的话语。高更说：

“颜色作为一种音乐的触感，流自它本身，它的自性，它神秘的力量。”梵·高说：“把所有的颜色不断加强，我们会安详与和谐，它们自然发生仿佛音乐。”他又说：“与其要把眼前的事物照原样复制，我不如恣意涂抹颜色来强烈地表达自己……我画一大片最丰富最浓烈的颜色……而达致神秘的效果。”他们爱颜色爱自然所给他们的触感往往超过他们爱的上帝。

数百盏金黄色的灯，点燃满江的渔火。几百只游动的竹排，满载灿烂的星辉。当星星渔火渐行渐远直到观众视觉尽头的时候，也就是观众灵魂获得极大安抚之时，留下的袅袅余韵足够观众静夜的回味与沉思。

此时的壮乡，色彩与音乐是多么亲密的一种相互依存、相互律动的生命状态。

庞德在《明澈的细节》一书上说：“任何事实从某种意义上说，都是重要的。任何事实都可能是征兆的，但某些事实却能为人们观察周围环境、前因后果、序次与规律，提供一种出人意料的洞识力……我们在文化发展史上，便接触到这种具有启发性的细节。这种细节可以使我们获得关于一个时代的信息。”

第二节　洒落在宣纸上的泪水

在龙州，近千年不知轮回了多少代人，总有一些身穿黑衣的壮族姑娘们，一代接着一代地琢磨着一把用葫芦瓜壳做成的琴。

其实人类认识到如竹、木、骨、皮等动植物的材料可以用来娱乐时，人类已经从物质文化上越过了野蛮的门槛。人们用琴的声音来审视世事，一种致雅的秉情于是凸显了出来。

琴声能让人“寂然凝虑，思接千载”，琴声能使人们的思维迅速而遽然地活动起来，昔日所见、所闻、所思、所感，包括书中读过的、画上见过的，与眼前景物相联系的种种印象一齐奔入了脑海。于是，伴随琴声在人们的心底响起种种美妙的旋律：高山流水，春夜喜雨，百鸟朝凤，情侣私语……于是便有了千古传诵“伯牙善鼓琴，钟子期善听”因琴相知的情感故事，也便有了唐代诗人白居易因琴“别有幽愁暗恨生，此时无声胜有声”。

人类的生命历程要跋涉无尽的长途，大自然为人类准备好的除去天籁之音、花草之气、日月之光，便是险关、沼泽、沙漠、黑夜、严寒或酷热、饥饿和蚊虫。人如果想战胜厌倦，渡过难关，继续披荆斩棘的行程，就必须有那么一股不散的内心氛围，一切苦难进入这氛围都会化为流淌着的、令人泣下又令人拳拳难舍的情绪。人们便会用他的琴声、歌声、舞姿，以及后来的绘画、诗词、小说、电影、戏剧等等形式来宣泄，或制造，或控制，或保持那种内心氛围，使自己在生活中顽强地生存下去。

龙州的壮族姑娘手中玩的琴，叫天琴。

壮族天琴

天琴的琴筒用葫芦壳割制而成，筒面是梧桐薄板，琴杆又细又长，配两根琴弦。天琴又名“鼎叮”，借音命名。

天琴已有近千年的历史，它是壮族独有的弹拨乐器。关于天琴的

传说不独一个版本，听起来都或神奇或庄严，好像真是那么回事。天琴本来并不是纯粹娱乐所用的乐器，而是一种宗教乐器，是人与神之间的“联络员”（即道们巫们）作法事时使用的，他们口头唱念，手头弹拨，把人的灵魂渡上天堂，把神的宣判和嘱咐带回人间。壮族先人举行跳天活动时，用的唯一乐器就是天琴。天琴平时不用时挂于神龛边，作法事要用时才“请”下来，一般不得随便乱动。后来，人们慢慢地把神器变成人器，被有心人用作娱乐弹唱演奏，那天音般的声韵成了龙州一绝。

在龙州，人们常常会看到天琴演出开始了，在这春意盎然的天造舞台，姑娘们一字儿排开，都坐在椅子上，右脚搭在左脚上，手把天琴，每人在赤裸的脚拇趾上吊着一只小铜铃。姑娘们坐姿优雅，显得端庄、贤淑，风采不俗。节目一个接一个地演出，边弹边唱，似传天音；脚铃摇出悦耳的节奏，似让大地应和，天音颇具巫唱之风。

李白还曾有《听蜀僧濬弹琴》诗云：“蜀僧抱绿绮，西下峨眉峰。为我一挥手，如听万壑松。客心洗流水，遗响入霜钟。不觉碧山暮，秋云暗几重。”蜀地的老僧所弹的绿绮琴声音好洪大，竟如万壑松涛，余音还能带动寺内铜钟共鸣，使他这位听客心神得到净化。而人们在龙州听天琴弹唱，感觉则迥异，不是松涛澎湃，而是细流涓涓，玉落银盘，珠帘摇风，其声似天外传来由远及近，又似地下升起由近而远，人的心神不仅净化了，还羽化了，这琴声，这铃声，慢慢离开这山川，这田园，这楼台，踏上云端，飘飘乎如遗世独立，向上浮升，升上虚幻之境，祥云缈缈，紫烟袅袅，鸟语声近，钟磬声远……那一群壮族姑娘疑是天上的仙女，那“鼎叮”琴本来是圣殿神器，人非凡人，琴非凡琴，物我两忘，人亦幻化为仙界的一员了。

天琴虽然一直没有大红大紫过，但却一直生生不息，它的声音就像一道不变的风景，陪伴人们感受风风雨雨的人生。天琴在声音里向人们传递出的犹如壮族姑娘特有的优雅、笃定与从容，令人难忘。

听天琴，其实是看壮乡的风景，一颦一笑，都是渐入佳境，就像是烟雨中的山水，迷迷茫茫，如雾里看花，水中望月，朦胧得让人心生淡淡的忧郁。它取的是一种柔到极致的曲调，清丽、哀婉，像壮家女子朱唇中流出的软语，羞怯、含蓄，又不乏丝丝入扣的凄美。尤其是用那两根细弦弹起来，抑扬顿挫之间，总有一种追魂夺魄的感伤扑面而来。

听天琴，也是听壮家女子的心音。天琴声声而来，婉转而去，仿佛在悠长的山路上，在濡湿的石板上，听天琴近了又远去。天琴是阴柔的，那柔软的声音，消磨了音节中所有的棱角，绵软如柳，握在手中，绕在指上，也缚住了心。

天琴的很多曲子都是慢板，就像悠闲的散步，它的气质沉郁顿挫，就像一条舒缓的河流不疾不徐地流淌，只有认真地听，细细地嚼，才品得出它独特的韵致。尤其是它的低中音区，浑厚、饱满，又沉静异常，似乎包含一种笃定的温情。它传唱了许多年仍深受喜爱，流逝的岁月似乎没有在这些看似陈旧的旋律里留下丝毫痕迹。

人们夸张地说，听了天琴，就发现天琴的弦外之音诉说的是壮族姑娘的心事。世俗生活里那份无法挥解的情绪，就这样被它轻易地化解了。至今才来龙州的人们更是由此遗憾自己居然与天琴错过了这么多年。大概听音乐也与成长一样。年轻喜欢锐利与激越，但年龄增长后才知锐利的并不一定有力量，沉静也未必就一定意味软弱。体验生活的过程其实就是不断地领悟，在领悟中消解，最终获得自己要的那一部分。喜欢听琴，就像喜欢人，真正爱过的人，才知道一切都不过是过眼云烟。

难怪有人说，天琴低沉的声音，有如一滴洒落在宣纸上的泪。喜欢天琴的极具表现力的声音传递出的对世界的解释，对气氛、情调的把握和给予听者的稳定。虽然有人给天琴添加了很多形容词，但对于这样宽容的声音来说，语言没有意义，属于乐器的还是让音乐来说话。美好的东西一向不需要刻意的设计。

天琴的声音在轻轻浅浅地悠然响着，有沧桑般的心境，有止水般的宁静。

谁不珍惜洒落在宣纸上的泪呢？

于是，人们就会发现，这把琴，是生活在山水之间的壮族人家与泥土亲切交流所留下的文化痕迹，那份人文情怀，那种时尚与潮流暗淡的背后，让人发现人类精神文化之火生生不息。

此刻，在中国林林总总的乐器中，人们又找到了生命中残存的碎片，那是生命起始的冲动。在这片土地上，同样拥有着世间最美的风景，人们守望的是过去的自然，前人的景观，人们现在的自然依旧是那个充满生命力的存在。

第三节　幸福织在锦绣里

就想住在壮锦里，就想过上传说里“画中人”的生活，这是壮族女人的梦。那么多不褪色、不起皱的化纤面料临风招展，那么多雍容华贵、端庄典雅的毛尼衣衫悬在橱窗，而壮族的女人却独爱清雅无边的丝线，用丝线的柔软裹着自己的一生，把它织在五彩的壮锦绣球里，织在自己一生的幸福里。

地处桂西边境上的靖西女人更美，就像有“小桂林”之称的奇山秀水一样。位于县城南面十五里的鹅泉，如一块宝镜镶嵌在佳山丽水之间。这里巍峨石峰，平地耸起，形若蹲鹅，昂首翘尾。这叫鹅山。山上树木葱茂，百鸟翔集，果红苗绿，幽静溢香。移目山麓，则澄然一潭，潭水从地下涌出，水碧如染，波绿如绸，这是鹅泉。鹅泉宽约30余亩，潭水深不见底。据说潭水分为3层，第1层深有4丈，第2

层深6丈，第3层深不见底，下通暗河，因而盛产鲤鱼和青竹鱼等多种鱼类。“鹅泉跃鲤”的胜景被列为当时归顺八景中的第一美景，当朝皇帝听闻，便欣然命笔“灵泉晚照”，并赐刻于石上，使鹅泉增添了光彩。泉傍鹅村，小桥流水，沃田美舍，桑麻点染，景致实在动人。鹅泉泉源四季不涸，那喷涌的泉水形成一条宽达90多米的河流，经过九曲十八弯一直流到越南境内后，拐回我国的德天大瀑布，最终注入左江，流向大海。

鹅泉不是普通的泉，它的得名还与一个传说有关。相传古时候，泉边有个村子，住着一个女孩貌美心善，但孤苦伶仃。她衣着素淡的服饰，忧郁地回眸，那悠远、片刻的微笑，如山里的五月花。一日，她赶圩归来，在路边拾得两个鹅蛋，带回家后，爱不释手。由于女孩掌温怀暖，不久竟孵出一对小鹅。女孩为之欢天喜地，便精心喂养，小鹅长得很快。一日，正值小鹅在塘中畅游，顷刻之间，天昏地暗，雷雨大作。轰隆一声，池塘下陷，塌为深潭。女孩大惊，便四处寻鹅，而小鹅却已不见踪影。失鹅之后，女孩忧郁成疾，不久，辞世而去。谁知待女孩出殡之晨，棺木却不翼而飞了。人们都说这是龙王爷因见女孩孤苦，于是命令两位王子化蛋投身，与她做伴。至今时日既到，便化龙归天。果然，那女孩衣锦长袖，腾云驾雾，顿时从天上抛下壮锦一幅，光彩夺目，正好盖在潭水上。从此，泉水不断，清澈迷人，并以其甜润之乳汁，浇灌哺育靖西千顷良田，使得千家万户，衣丰食足。夕阳西斜，晚霞飞舞，放目泉中，斑斓如画。村人于是以鹅名泉，还有村人说是“鹅谢”，是小鹅感恩女孩，并佑护她的乡邻。后来，人们在泉中建桥，泉边立祠，以纪念女孩带来美好的生活。历代以来，每逢上巳之日，文武官员均至此大修禊事，“于祠上观鱼，红男绿女，观者如堵”。那时，只见鹅山上下，鹅泉四围，锦衣缎裳，织锦绣球，人山人海，欢乐祥和。

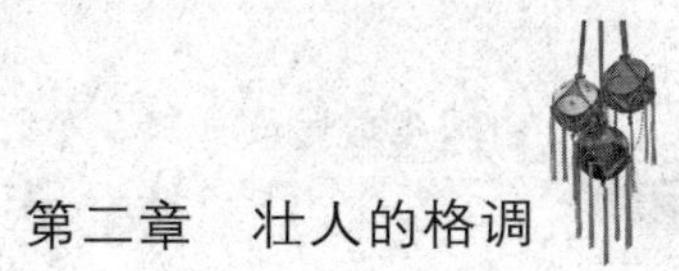

这是一个关于靖西女人的传说，这是一个关于扶弱感恩、择善而生的传说，于是女孩抛下那壮锦的美丽画卷变成了历代壮族女人虚拟的故乡和幸福的追求。

于是，每位壮族妇女都希望把自己的愿望织出一幅如此美丽的壮锦。

壮族的织绣历史悠久，有自己一套独特的织染方法，质料就地取材，有别他处。从广西贵港罗泊湾汉墓出土的黑地橘红色回纹锦残片来看，说明2000多年前越人的织绣技艺已达到相当高的水平，尽管那时的锦还不是后来朝廷额贡的壮锦。而宋代是壮族纺织技艺有较大发展的时期，特别是织绣技术已达到相当高的水平，宋代周去非的《岭外代答》载：桂西“有织白緂，白质方纹，广幅大缕，似中都之线罗，而佳丽厚重，诚南方之上服也。邕州左右江溪峒，地产苎麻，洁白细薄而长，土人择其优者为练子，一端长四丈余，而重止数十钱。卷而入之小竹筒，尚有余地。以染真红，尤易著色。厥价不廉，稍细者，一端十余缗也”。白緂作为南方土服，已经是比较高档的织物，它既是“广幅大缕”，也便开始成了壮锦的雏形。考古专家说，白緂和练子，代表了宋代壮族地区织绣

织壮锦

技艺的最高水准。

明代靖西旧志《归顺直隶州志》记载：“土锦，以丝杂棉织之，五色斑斓，葳蕤陆离，真杜诗之海图波涛，天吴紫凤也，州地所织较厚。”这古老的民族文化被传承下来。靖西壮锦分为织锦和绣锦两种。织锦就是用木织布机织成，它以原色棉纱为经，丝线为纬，按织锦人构思配上不同的色彩。彩色染料从有色植物的根、叶制成，有红、黄、蓝、黑等多种颜色。织锦花纹精美，传统图案有回字形饰纹、莲花、牡丹、蝴蝶纹、云纹等。绣锦是在织锦或土布上绣上图案而成。绣锦方法有平绣、剪贴绣、挑绣、包绣等。平绣是较为常用的绣锦方法，它是用绣花针在土布或织锦上绣上不同色彩的丝线。剪贴绣就是用剪刀在纸片上剪出图案，粘贴在布上或织锦上，再按平绣方法绣出所需要的图案。包绣就是先剪出色彩绚丽的造型，在下面垫衬上棉花，再把它绣在锦布上，使图形有立体浮雕效果。

靖西壮族的织绣艺术集中体现在绣球的花纹上。

绣球用彩色绸布缝制，如拳头般大小的精致小圆球，以十二片叶瓣式的绸片组织而成，每片“叶瓣”上绣着五彩花鸟或祝词，绣球顶端系着彩带，末端连接着彩色流苏，整个球形浑圆一体，玲珑剔透，五彩纷呈。

绣球在靖西旧州已有400多年的历史。旧州以及龙邦、安宁、壬庄、南坡等乡镇都有刺绣绣球的习惯，但以旧州的绣球为最多、最好、最具特色、最有代表性。精美的绣球，象征吉祥和爱情。相传为壮族青年男女传情定亲的信物。自古以来，靖西就是这样一片风流遍野的土地。《靖西县志》是这样记载的：每到春阳艳艳的季节，龙邦一带的青年男女就成群结队地在山野间群群相对，以山歌传情，言说心中绵绵柔腻的爱恋。唱歌之不足，便随手摘下身旁的柔枝花草，编成花球，羞羞答答却又风情无限地抛给自己的意中人。抛者柔肠万千，爱意盈

盈，接者喜之欲狂，幸福无端。从此，就演绎着一段灿烂人生，衍生着一脉古老民族，承传着一个美丽民俗。宋代《溪蛮丛笑》一书中也有这样的记载：“土俗节数日，野外男女分两朋，各以五彩新襄豆粟往来抛接……”宋人周去非也在《岭外代答》中记载：“上巳日（三月三），男女聚会，各为行列，以五色结为球，歌而抛之，谓之飞驼。男女自成，则女受驼而田婚已定。”据考证，书中所记的“五彩新襄豆粟”和飞驼就是绣球的前身。而后演变成用绣有莲花、鸳鸯等爱情信物的绸布，包上重物，连上丝绳，最后发展为丝绣。

织绣球

一针一柔情，一线一相思，千针万线始绣成，生生世世总相依。野性的生命质感逐渐消失，文明的内蕴慢慢增加，不变的就是那遍野的风流，那不绝的风情。绣球是靖西壮族的先人在生活中创造出来的民俗文化的载体，这种文化载体寄托着壮人淳朴深厚真挚的情感。

史称靖西绣球“用杂色丝绒织成，五彩斓然，与刻丝无异”（清·沈日霖《粤西琐记》）。故其花纹“工艺炫丽”（清代汪森《粤西丛载》）。其花纹既有几何纹，又有花鸟虫鱼纹；既有单独纹样，又有二方连续纹样、四方连续纹样、边缘纹样和风景纹样。常见的有方胜纹、万字纹、水波纹、花草纹、鸟兽纹、山水纹等，织绣造图精美，多姿多彩，无不表现女人们对美好生活的无限构想。

靖西的好山好水养育好女人，那些心地善良、心灵手巧的女子，能织绣出世界上最美的绣球。纺麻织布、刺绣挑花等古朴遗风在这里代代相传，是孕育繁衍民族文化的家园，如果要选一个作为开发展示壮族传统文化的生态博物馆，靖西是再合适不过的了。

在靖西，女性自幼要学习织绣手艺，除了壮锦绣球，还要学习制作绣花裙子、花袋、背带、腰带等，这成为她们劳动技能的象征，更是充当女性走向婚姻生活的桥梁。旧州有一条远近闻名的绣球街。古老的砖瓦房整齐有序地排列着，斑驳的木板门平静地敞开着，在这里听不到机器的轰鸣声，看不到耸立的烟囱冒出的滚滚浓烟，但这里俨然是一个制造绣球的“大工艺厂”，街上的每家每户都是制作绣球的“车间”。每天，妇女们、婆媳们就坐在自家的门前，前面摆着一张小圆桌，桌上放着一两个用竹篾编成的簸箕，簸箕里盛着剪刀、针线、彩绸等制作绣球的料子，手里飞针走线，就这样绣起了绣球……年复一年，日落日出，不知季节轮换，不知世事沧桑，这一幅幅风情无比的画面，渐渐装饰着她们久远而古朴的梦，成为壮族人生活里的一种文化，一种风尚。

自古以来，节日聚会、赶圩、走亲访友，靖西的姑娘们都要穿上自己绣织的花裙，装扮自己，显示自己心灵手巧，以吸引男青年。男青年则通过姑娘的穿着来衡量她的价值。首先从编织在她们衣物上的图案来判断她的人品、聪明与否，然后才决定是否与她们交往、谈情。所以，尽管节日的盛装使姑娘们行动起来极为不便，可是她们仍喜欢把自己包裹在绣满图案的衣服和花裙中，她们珍惜每一个使自己美丽的良辰。

“山清水秀，绣球之乡”，道出了靖西自古的满足，道出了织绣在这里随要随取的奢华，而值得人们称道的却是从那些刺绣的丝线中悟出了内在真谛的靖西女人。“春蚕到死丝方尽”，一只蚕，从它诞生的那一刻起，就只为了一场至纯至真而又绵绵无绝的相思。当她守着自己的青春与坚贞，在悄无声息中打发着光阴，她的内心便做好了与世俗决绝的准备。于是，她封裹在自己的世界里，像涅槃重生那样，镇定自若，至死无悔。女人们用这样的丝线织成一个个绣球，摆在人们的眼前，怎能没有一番别样的滋味？

这样的滋味，与其说是一种感伤的情怀，还不如说是一场情感的洗礼。青春已逝，铅华洗尽，那些织绣的壮族女人，总会在蓦然回首之际，发现自己拥有了那份与众不同的幸福。壮族女人，让自己的幸福生活浸润在万千的相思中，一切轻佻的言辞，一切炫目的表情，都会随风而去，留下的永远是山水中走出来的那份持久。

其实，广西壮族女人如此地依恋着织绣，在某种程度上说，更是因为丝线里那份特殊的温柔和细腻。这是任何一种材料都难以企及的品质，它与山温水软的壮乡构成了一种灵魂上的呼应，血脉上的相通，精神上的依偎。它绮丽轻软，装扮着爱美的女人，使她们尽显那一低头的温柔，无不渗透一种淳朴而安静的美丽。这种美丽使得她们与织绣相依相偎，相拥相眠，肌肤相亲之间，意味深长。

唯其如此，壮族女人才这样地挚爱针线，并竭尽自己全部幸福的想象活在壮锦和绣球里，就像已经生活在自己的天堂里，在那浮光轻闪之间，隐现出内心里曾经有过的关于鹅泉女孩的美丽。

织绣，就这样造就了壮族女人，也造就了壮乡特有的风情。

壮族，因织绣而存在；织绣，是壮族女人的精神憧憬。

第四节　自然的，没有夸饰

壮乡的山水，富于色彩的山水。

万千衣衫万千脸，藏着壮乡年年月月的风情故事。

在南宁，民族细节的普遍存在是肯定的。但，单就人的服饰而言，却不是满街满路的民族斑斓。没有人可以改变中国现代城市的时尚情结，时代飞奔，观念更迭，简约和实用更符合现代生活的审美和要求，很难对此轻易下一个绝对的结论，把传统服饰的逐渐淡化归于简单的好或不好。于是，今天的南宁街头，所见到的服饰和中国绝大多数城市没有什么本质上的差异了。

这跟现代文明的不可抗拒有关，也跟城市多元化的民族组合有关。

于是，壮乡城市传统上的衣袂飘飘，在城区更多体现为汉服，只在乡下，民族色彩才相对抢眼地跳动于绿绿乡野之间。

如果，人们在一片绿油油的山野中看到了一点点、一片片不同的色彩，便更神奇，那不是花，那是比花还艳的壮族服饰，是神仙在山水间洒落的色彩。

壮族姑娘

自称为布沙支系的壮族，主要居住在广西西部山区。

广西西部的自然环境，是以气候的垂直立体分布和与之相适应的植被的立体性分布为特征的。布沙正是利用这种地貌、气候的分布特征，建构与之相适应的人的生存空间及农业生态系统的。在山区，几乎所有布河居住的地方，都埂回堤转，重重叠叠。是那样的大山，令人感叹人类那改造山河的力量和不死不灭的创造精神。

村中曲折蜿蜒的石板小径、布沙女子刺绣精美的服饰、竹制饮水槽、小溪中呈阶梯状的水碓舂米声和狗叫鸡鸣声，构成了壮乡村寨别具风格的景致和特有的氛围。

女子的服饰分盛装和便装。便装下着百褶黑筒裙，长及膝下，褶痕细密泛红，围腰系于侧面；也有的着无褶裙，或着宽腿长裤。上衣立领或圆领，领边袖肘以黑布镶围，右衽，细花镶边。5～7 枚布纽扣排于右腋下。衣下摆呈扇形，镶花边装饰。盛装于肩部及下摆饰以银牌和佛串。袖筒镶花边。头帕两端饰黑色缨珞，包过后脑到耳朵上方，帕尾悬下。鞋为半桶钩头花。白沙服饰形式与黑沙服饰大致相同，但较艳丽。头帕为红绿丝线织成花格，宽 35 厘米左右，长 190 厘米，叠四指宽。头发以发套拢于脑后用簪子别，帕端从耳朵上方绕向前如角状。女性服饰老少有别，老年妇女多着斜襟上衣，下着黑色宽边大裤，头缠黑帕，衣滚青边；青少年女性则穿白色滚边的圆领斜襟衣，袖口、衣边以白、黑色布镶大边，下着青、蓝色大裤，头缠花布和蓝布帕。

不管盛装与便装，都属于女性的珍品，因为服饰色彩缤纷，新颖美观。

隆林县沙梨乡壮族妇女穿的俗称“三层楼”颇有特色。短衣、长裤、短裙。衣短齐腰，黑白蓝三色，右襟纽行从颈口往右下腋开，右下腋下和襟边上系上条带，白衣和蓝衣颈后绣有花边，绕至颈前。黑衣缝制最为讲究，用黄绸缎作底，用各种花线按一定的图案绣上，并在衣的边、角、袖、领上绣各种花纹图案，嵌上黄、红、黑边，显得格外端庄艳丽。裤长至脚，多为黑色土布。裤外的短裙两侧佩有两条长短不一的绣带，带的末端接有彩须穗子。系扎时从前腰往后绕，短带垂吊于后腰，长带绕前束紧后沿两腿垂吊。这种短衣束腰，短裙齐膝，长裤舒卷随意的“三层楼”既可御寒，又方便劳动。它勾勒出壮家女窈窕的身段，走起来像扶风摆柳，袅袅婷婷，风姿独占。

“三层楼”服饰

壮族妇女包头巾分黑白两种。黑的长6尺，一端织有网状的格子，末端有长约3寸的垂线。网状格子有3种图案，分别代表高山、芝麻和稻子。白头巾长2尺，两头织有黑色或者绿色花纹方格图案，末端有白色垂线约3寸长。有的白头巾两端还绣有蝴蝶、水浮花、桐果花、松树叶等，精致美观，壮语叫“便那虽”。丝带既是壮族姑娘的装饰品，又是生活中必不可少的日用品。最多为头饰用带，盛装衣服用带，还有围裙用带，脚绑脚套用带以及背娃娃用带，背物品用带等。壮族姑娘盛装的衣饰，多用彩带镶衣领、衣袖和衣边，色彩鲜艳，华贵庄重。

看不够的实用，看不够的华贵，看不够的庄重。

很朴素，很简单，却很悠远。

对于渺无踪迹的远古，人们早已丧失了想象力。也不知从何时起，人类有一族群在那坡的大山里落地生了根。这一族群叫“黑衣壮”。

黑衣壮，是壮族族群之一自称为“布嗷”、“布敏”（也称布壮）的一个族群的他称，目前有5万多人。黑衣壮有着许多独特的文化特征，被视为壮族传统文化的“活化石”。

踏入黑衣壮人的居住区域，给人的印象当然是让人震撼的大片大片的青翠、浓荫、沁人心脾……你呼吸的就是树木花草所呼吸的，那潺潺流水，似歌吟，回荡于翠谷，纡绕着流云的天籁。

龙合乡马独屯是那坡境内原生态保存得最好的村落。远远望去，山影重重，房屋散落，大石突兀，村屯掩映在黑色的石丛中。

马独屯70多户壮族人家，住着一色的干栏。走进这个屯，仿佛走进了黑色的世界。房屋的瓦是黑的，木楼的柱子是黑的，就连家里养的家禽也是黑的……黑衣壮以黑为美，尽管现代的公路已将山里的村屯和外面的世界连在了一起，但是他们依然坚守着自己的族群标志——男女老少的服饰都用黑布做成，头上还戴着黑头巾。据说，黑衣壮还有巨石崇拜的习俗，屋后滚下巨石，屯里人立即拿来黑衣给它盖上，并置上酒肉，点香烧纸，以示祭祀。

黑衣壮，黑衣壮，一把蓝草，千年衣妆。

老人们都这样说，古时候布敏、布嗷受到异族部落入侵，寡不敌众。正当危急之时，族人首领梦中得到本族老祖的指点，令族人采来蓝靛草沤制成染料，将手脸、衣服、刀枪染黑。第二天，众族人突如天降的一群黑神，天神般潜入敌阵，大举反攻，终于转败为胜。从此，布敏、布嗷这一群体的人便穿着用蓝靛染制的黑衣，代代相传了下来。关于这样的故事还有一种传说，一位部族首领带兵抵抗外来之敌的攻击，战斗中他不幸受伤，他指挥部族成员安全退出，自己留下隐蔽在密林中。为了治伤，他随手抓了一把青绿的野生蓝靛叶搓烂，敷在伤口上，殊不知很快止住了流血，并且恢复了体力。最后，他顽强地带领部族击退了来犯之敌。从此，这位黑衣壮首领就把野生蓝靛当做逢

凶化吉的神物来纪念，号召全部族人都穿上用蓝靛染制的黑衣而且世代相传，一直保留至今。

这些古老而美丽的传说都告诉了人们黑衣壮人崇“黑”的缘由。

黑衣壮服饰是目前保留最为传统，最具有特点的壮族服饰之一，它在穿戴上讲究实用，款式大方。男人穿的是前盖大襟上衣，与宽裤脚、大裤头的裤子相搭配，这种装束便于他们从事劳动和在山间行走。妇女的服饰更有特点，无论老少，都喜欢穿右盖大襟和葫芦状矮脚圆领的紧身短式上衣，下身以宽裤脚、大裤头的裤子相搭配，腰系黑布做成的大围裙，头戴黑色大头布。

在壮乡，蓝靛草有多种。如蓼科的蓼蓝，十字花科的菘蓝，豆科的木蓝，爵床科的马蓝等，都可以用作蓝靛，染青碧得名。那坡的菘蓝为十字花科，二年生草本，全株带粉绿色。叶呈长椭圆形或长倒卵形，有微锯齿，抱茎，基部有宽圆形垂耳。春夏开花，花小色黄，排成圆锥花序，花梗细长而下垂。角果呈长椭圆形，扁平，边缘呈翅状，顶端钝圆或截圆。

我国南方少数民族采用花纹图案来装饰衣服有着很久的历史。人们能看到的最早的文字资料是《后汉书》中关于壮族先民穿花衣服的记载：“织绩木皮，染以草实，好五色衣服，裁皆有尾形”，这说明当时壮族人已学会了用植物制作原料染出多种颜色的衣服。

传说中，自古黑衣壮男子是狩猎高手，女人则是以棉制衣的能手。女人们负责收集野棉制线织布做衣，后来发展到自己种棉，从根本上解决了黑衣壮服装的原料问题。黑衣壮妇女种棉、纺织、制衣、刺绣，不仅解决一家人的穿衣问题，还形成了黑衣壮妇女独有的棉纺染织文化。

蓝靛春天下种，冬季收获。女人们说：以前每到这个季节，马独屯人就要上足劲，开始忙活了。她们把从山上刈来的蓝靛草剪成五六寸长的一节节埋到村尾地头，滥生的蓝靛草随着一声春雷一场春雨便拔节而长，一簇簇欣欣向荣、生机勃发，不需培土施肥就能长了起来。等到仲夏至初秋，黑衣壮妇女带上一把镰刀一根扁担，把自己种的蓝草割下捆成一担担挑回家，把草沤到染缸里。这个时节，许多黑衣壮人家门口都摆有许多硕大的染缸。缸里放足水，每天至少搅拌 3 次。几天后，待叶枝腐软发黑，便捞至小缸继续浸泡。大缸里的腐叶渣滓捞干净后，盛出，加石灰，拌匀，倒回缸；再盛出，再拌石灰，再倒回。反复十来次，就可以打靛花了。

染制规模较大的人家要在地边挖筑大染井，可以染放十担八担蓝草。在那坡有的村屯中间，村民将天然石块顶部打平，凿了一个长方形染井，每到蓝靛草收割季节，全村人轮流将收获的蓝靛草沤泡在石井内，在此染蓝靛布。

搅浆和打花都是力气活，做靛的整个过程很辛苦，也费时间，但马独屯的黑衣壮人祖祖辈辈就是这么过来的，并引以为豪。

一位 70 多岁的老人说：很多年前，那坡到处种蓝靛，做靛青，为什么马独屯的特别好？因为打浆的时候，马独屯人会用舌尖试和水的咸淡和滑涩。一边试，一边匀匀地加入石灰，自然比外边的人有把握。老人是说用舌头把握靛青水的酸碱度，未加石灰时，靛汁呈淡甜味；边加石灰边尝，到涩口为佳。

正是因为过去交通阻塞的原因，马独屯原生态棉染织工艺保存得最为完整。走在村道上，凡是门前摆着石凿大染缸的人家都有棉染织工艺的高手。在这里，人们可以见识到壮族古代棉纺织工艺从纺纱织布到沤蓝染布的全过程，那没有一颗铁钉的古朴织布机和黑衣壮女人们群聚举杵“咚咚”捶布的场面。干栏房内，都有碾棉子机、纺织机、织布机。有些人家的栏杆上还晾晒着一条条蓝靛布，蓝靛的清香不时散发空间。这就是蓝靛染织文化的氛围，对于居住在都市的人来说，无疑是闻所未闻，见所未见，一切都是稀奇的。

当黑衣壮妇女拿着一条黑色的裤子讲解其中的奥秘时，你会感到极大的欣喜，你仿佛在欣赏一幅以黑色为主调的图画，在欣赏一幅实在的农耕历史画卷。黑衣壮人将这种包含着丰富内容的衣服穿在身上，就是把自己民族的历史和不断丰富发展的生活铭记在心，这是对祖宗神灵的崇敬和眷恋。人们在今天能够一睹神奇的风采，在那坡山里璀璨闪烁的阳光中找到了颜色的艺术。

19 世纪法国画家安格尔说："世界上不存在第二种艺术，只有一种艺术，其基础是：永恒的美和自然。""这种真实的色彩，是自然的，没有夸饰的。"黑衣壮人把黑色赋予纯洁而恰当的风格，而纯洁性和自然的美用不着以一鸣惊人的方式来别出心裁，黑色，只要她是美的，就够了。

每一种生命皆在天地之间，其实不同的色彩，像满山遍野的花儿，像一种生机而默默地盎然。具有很强的视觉冲击力，女人喜欢。

壮乡对于人们来说，是一场美丽的梦。美丽的梦来自服饰样式和色彩的变化，这是落在山水的大美。

服饰是个性的体现，是人长期以来与自然环境的适应中逐渐形成的。城里的人无法想象出一套壮族服装的价值。那些在山里生活中的壮族服饰，绝不同于巴黎和米兰的时装展示。时装展示是一种时尚的流行方式，匆匆走过 T 型台，便迅速蔓延到世界的每一个角落，而壮族的服饰，守着自己不变的传统，却涉过山水，走过岁月。

数十个支系，上百种服饰，色彩是史书、族徽、智慧、情感，着实让人感觉壮族的文化气息厚重、繁华和神秘。山水给了一个民族的成熟，服饰赋予一个民族一如既往的感情。

第五节　飘香的“米”食

每一个民族，都有自己引以为骄傲又让客人大为惊讶的佳肴美食。这些美食，要么在颜色上让人眼花缭乱，要么在形状上让人眼界大开，要么在嗅觉上让人扑朔迷离，要么在味道上让人回味寻思。

壮族人家主要按照稻米的黏与不黏分别加工食用。粳稻是人们日常食用的主粮，多做成饭、粥和米粉，糯稻则多做成节日食用的五色饭、糍粑等。

农历三月三，是壮族人家做糍粑的日子。

壮族人家做糍粑

做糍粑，是舂做。舂做的糍粑，大致要经过浸泡、蒸、舂三道工序。第二天要做糍粑，头一晚入睡之前，便将簸净的糯米泡入温水中，到凌晨鸡叫三遍，起来把糯米捞进筛子里，待水滴干后再倒进甑里蒸。糯米蒸熟时，喷出来的气使满屋都弥漫着香味。这时将舂池和舂棍拿出来清洗晾干。舂池是用大块木或龙眼木凿成，长方形，长约1米、宽50厘米左右，中间是凹槽，一般都可装十斤左右的蒸糯米饭，舂棍用木做成，有小孩手臂大小，人一样高，拿起来有点沉重。这种舂棍用了几代人，已被握得又黑又亮。

壮族人家的舂池和舂棍，在古老的时代已经普遍使用，这种有效的生活工具，曾使人们的生活方式为之变化。宋代周去非在《岭外代答·风土门》中说：壮族有一套特别的加工稻米方法，称为舂堂，“民间获禾，取禾心——茎蒿连穗收之，谓之清冷禾。屋角为大木槽，将食时，取禾舂于槽中，其声如僧寺之木鱼，女伴以意运杵成音韵，名曰舂堂。每旦及日昃则舂堂之声四闻可听。”一块发黑的老木头，一根木棍，可以给谷物脱壳去皮或捣碎粮食，古人的生活由此改观，并进而向美食的方向发展。

甑里的糯米熟透后，就倒进舂池里，开始舂捣。舂糍粑一般都是由女人们担，有的人家人手少，男人也帮忙。舂的时候十分讲究，一般少的两人，多的四人，按先后次序下舂。例如，四个人站在舂池的四周，从左到右，按着顺序，一个舂了到一个，不断循环往复，配合默契。习惯的速度形成有节奏和韵律的咚咚声，听起来欢快悦耳。开始舂时颇轻松，但舂了一会儿，舂池里的糯米成糊状后，黏性很大，黏住舂棍，往上提的时候就有点费劲，女人们常常累得提不起舂棍而哈哈大笑。笑声回荡在乡村的晨空里，把山寨人的心笑欢。

一会儿，响声渐渐稀落，继而消逝了，村里又恢复了先前的宁静。这时糍粑已舂好了。舂池里的糯米饭已变成糊状，这时就可以捏成个了。因为黏性大，要用煮熟的蛋黄和食油擦手，才能抓起糯米糊提成一个个糍粑，晾在洗净擦上油脂的竹壳叶上。糍粑捏多大个也十分讲究，自己食用的，捏小碗口大就行了。如果是婚嫁送礼就不同，婚嫁送礼的，有的捏得比海碗口还要大，一张竹壳叶只装一个。这种糍粑

一般不放馅，是吃时才蘸料。这种料一般用炒芝麻和花生拌糖舂碎而成，吃起来可真香甜。

这时，人们把一个热乎乎的糍粑放进嘴里，那股糯米和花生糖的味道，柔软香甜，是那样的诱人，那样的充实。能把简单的大米做得如此复杂，如此耗时费力，这可是壮族人的饮食传统，也是壮乡不同于别处的地方。

壮族妇女勤劳和达观。民国《广南县志稿本》第五册中这样记载："每日夜半鸡鸣时，农妇即起床舂米，天明而止，比户皆然。碓声隆隆，扰人清梦，而所舂者只足本日之食。次日复然，甚少间断。"壮族妇女鸡鸣起床舂米构成了壮族地区特有的生活劳动场景，古代来到壮族农村的文人墨客不惜笔墨，为之诗兴大发，描绘这一生动场景。村寨的舂捣声，仿佛一阵一阵幸福满足的感叹。这是壮族山乡自给自足生活的必然景象。壮族人家生活的最基本成分由此定型，那丰富多彩的稻作文化景观生出的饮食文化便是多姿多彩的。

在农历的"三月三"，广西城乡的街市上还出现不少色草市场。

色草，指用来浸染稻米，做成五色糯米饭的枫树叶、红草和蓝草。这时节一眼望去，街市嫩绿一片，一派盎然的春意，不禁令人心动。再过几日，做食品的商家的售台上，就摆出了一盆盆五色糯米饭，生意格外兴旺。

主妇们也兴致勃勃，争相将色草买回，准备一显身手，自己动手蒸做五色糯米饭，好让全家过好一个愉快的节日。五色糯米饭是壮族人三月三时，欢庆仲春的传统食品。

做这种彩饭的糯米最好是用大香糯。粒大，香味浓而持久。将糯米染濡成五色的色叶，除白色是米的原色外，其他为：枫叶，黑色；蓝草，蓝色；红草，红色；山枝子或黄羌，黄色。红、蓝草属蓼类植物，一样可以入药。壮族人都这样认为五色糯米饭有清热解毒、消食的作用。春日里，病菌活跃，所以吃食五色糯米饭，其实还含有预防疾病的意义。这也许是壮族人在几千年的生存与发展中得出的经验。

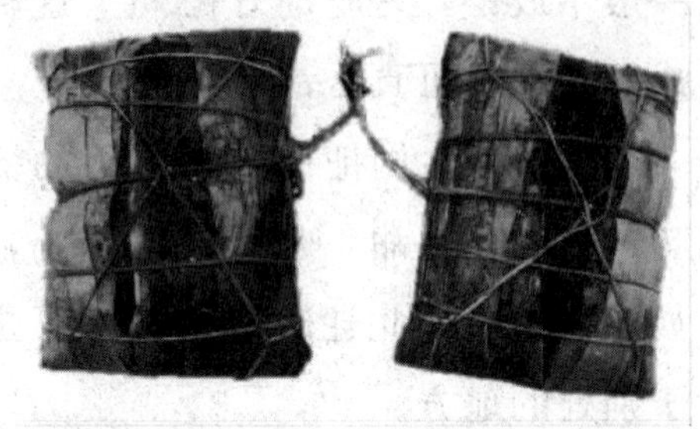
枕头粽

节日时，在乡下，采集枫叶颇为讲究。壮族有谚语说，二七淡黑，二八黑深，二九以后黑透心。就是说，不能早采，农历二月二十七以后取用最佳。这时枫叶用来濡染糯米，色泽特别黑亮，美观好吃。而制作五色糯米饭，主要的工序是滤取色草汁液。一般是将各种色草分别舂碎，分别阴晒一两日后，又分别放进清水里浸泡，使其色汁渗溶开来，然后再过滤去渣，便可以把糯米倒进这些色水中浸渍了，半天一日，糯米全上了色。饭可以一道蒸，也可以分开蒸。熟后，或拼盘或搅拌一起，鲜艳可口的五色彩饭就做成了。

然而，最牵动着世世代代壮族人的情愫莫过于米粉了。米粉是壮乡极为普通的传统食品。

城乡到处皆见的桂林米粉，以其独特的风味驰名。光是那至关重要的卤水、配料、锅烧、卤菜等，那是半点也不肯马虎的。就卤水一项，就大有学问在。据说配置卤水的香料就有十几味，万万不可偷工减料，少一味就少一分味道。老练的食客只要吃上一口，稍一默神，就会指出你这卤水里是少了茴香还是少了草果。药味配伍是一回事，比例加减又是一回事。还有熬制方法，什么药料先放，什么药料后放，熬制的时间火候，都有严格讲究。一道理想的卤水，往往凝聚了几代人的心血。另外，粉的本身，要求也是很严格的，米浆里要掺熟浆，而且熟浆的多少要根据天气冷热确定不同比例，弄不好米粉就会发硬，什么食品，只要与硬字挂钩，口感上都不是好事。

香喷喷的米粉在壮乡处处均可品尝，各式米粉便是壮族人不可或缺并念念不忘的快餐，许多人在外地出差了几天，回到广西便马上跑到米粉店去吃上一碗。就连那些外地人，在桂林待的时间长了，也被丝丝缕缕的米粉缠绕得脱不开身，产生了“米粉情结”。

民国年间，桂林有个上海画家蒋渭青，家书数封催他回家，总不见人，追问何故，答曰：“阿拉就是舍不下桂林米粉。”

也是民国年间，还有一段佳话，说的是桂系将领、“代总统”李宗仁坐镇南京，大势已去，愁肠百结，思乡心切，无以排遣，何以解忧？桂林米粉。于是命部属派飞机回桂林空运了一桌米粉，到南京时，米粉还冒着腾腾热气。可见那浓得化不开的乡情和对故乡的一腔爱恋。

壮族人把吃米粉也当做一种艺术来对待了。

更令人吃罢无不赞赏的螺丝粉，在广西人人都能享用，大街小巷的螺丝粉铺数量之多，比米铺有过之而无不及。

螺丝粉，顾名思义，就是以螺蛳为原料烹制而成的米粉。螺丝又名螺蛳，《广韵》有记：“螺，蚌属，可食。”古籍记载螺丝属蚌类，广西气候温和，溪边塘边，田间沟壑，盛产螺蛳，壮族尤喜食此物。

螺丝粉是将螺蛳与骨头同熬，用做汤。所用米粉为干榨粉，须烹煮，嚼之有韧性，可放时令蔬菜同烫，烫好的粉置于碗内淋浇螺蛳汤，放葱、萝卜干、木耳丝、酸笋、辣椒油，鲜而香，开胃无比。初食者不知其辣，大口咽下即刻涕泪交加，看着红油油的一碗米粉再也不敢下箸。而壮族人，则吃得痛快！

桂林亦有仿制螺丝粉，剥螺蛳肉与酸笋同炒，与卤水同调入味，风味亦不俗。柳州谷埠路老巷的螺丝粉较别处更为鲜香，作料亦细，不似别处粗制，更因店主殷勤待客而使食客络绎不绝。小本经营已不易，难的是恒心，秉持待客之道，想必这就是这些米粉店多年长盛不衰之秘诀。

壮族地区的稻作文化是一种彻底的厚实的稻作文化，它渗透到社会生活的各个领域。因此，在几千年的社会生活中形成了一整套饮食文化，用稻米制作的食品还有米酒、甜酒、米饭、螺蛳粥、肉末粥、肉末生姜茴香粥、粽子、米饼、汤圆、油堆、年糕、沙糕、九层糕、包生饭、米粉肉、炸糕等上百种。一直以来，乡土甚浓，食风甚盛，且风味奇异的“米”食，多少人生悲欢，个中味道，壮族人最知。

生为壮族人，有口福！

第三章

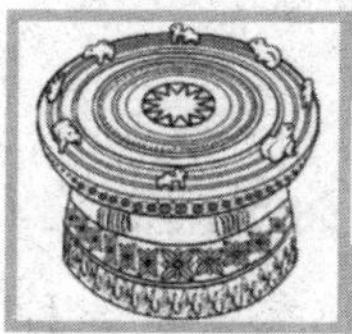

花开花落

第一节　鼓舞的力量

铜鼓，是红水河岸边的传说。

红水河早先是一条清幽幽的河水，清粼粼的河水灌溉着沿河两岸的庄稼，春天人们犁田耙地，撒下谷种，秋天稻粮满仓。清晨傍晚，摇舟撒网捕鱼，过着幸福祥和的日子。谁知道有一年不知从哪里窜来一只水鬼（壮语叫“图额”）头上长角，形态多变，在红水河兴风作浪，撞翻过往船只，吞噬渔民，还把两岸将要收割的庄稼全淹了。红水河岸边的百姓激怒了，要联合起来除掉这只水鬼，无奈，水鬼藏在深水中，刀砍不中，箭射不到，水鬼得意至极。

沿河两岸的百姓眼看庄稼被毁，船翻人亡，叫天天不应，叫地地不灵，情急之中，抬出铜鼓到河边敲打，水鬼被震天动地的铜鼓声震慑住了，不敢作恶，可到了晚上，当人们把铜鼓抬回家时，水鬼又出来作恶。

“就是这面铜鼓”，老人指着铜鼓决心去杀掉恶鬼，为民除害。它半夜里悄悄来到河里找到水鬼搏斗。深夜人们从梦中醒来，听见河边有“哐哐”和“呼呼”的叫声，不知是怎么一回事。天将要亮的时候，这面铜鼓回来了。第二天，主人发现它少了一个耳子，鼓身湿漉漉的，鼓耳挂满了水草浮萍，鼓面被划出一道痕迹。主人方才明白，铜鼓去和水鬼搏斗了。主人怕铜鼓势单力薄，打不过水鬼回不来家，便用大藤子把铜鼓捆扎起来，连接在柱子上。

看着铜鼓掉了一只耳子，主人十分伤心，一面流泪一面抚摸铜鼓，自言自语地说：“铜鼓呀，你势单力薄，怎么打得过有角的水鬼呀，你不是白去送死吗?”

忽然铜鼓说话了：“主人呀，要想打败‘图额’，给我加上两只又长又尖的牛角，在我和水鬼打斗的时候，你们到河边为我助威，用糯米做成大粑粑，看见河里翻白浪时，你们就往河里丢糯米粑，看见河里翻黄浪时，就往黄浪里倒黄泥巴，这样就可战胜‘图额’了。”

主人按照铜鼓所说的去办了，杀了自家的大水牛，把两只又长又尖的牛角挂在铜鼓身上。三天以后，主人邀集了众多的乡亲，抬着铜鼓，抬着糯米粑来到河边，安上牛角的铜鼓显得特别威武，一个猛子扎到红水河里，霎那时，红水河面波浪翻滚，这是铜鼓与水鬼在搏斗，铜鼓的主人和乡亲们一面呐喊，一面敲铜鼓为之助威，看见翻白浪时，人们就往河里丢糯米粑，见翻黄浪时，人们就朝河里丢黄泥巴，一直打了三天三夜，水鬼终于被消灭了，直挺挺地翻在河面上，铜鼓胜利了，人们抬着这只为民除害的铜鼓回家，为奖励这只除恶的铜鼓，乡亲们决定从此不再敲击这面铜鼓，把这面铜鼓奉为“鼓王”。

从此以后，红水河两岸百姓又过上幸福祥和、六畜兴旺、五谷丰登的日子。于是每当逢年过节、谷物丰收，就敲打铜鼓庆贺。

千百年来，壮族人把铜鼓视为吉祥之物，当做“兴旺”、“团结”、“奋进”的象征，它在人们的生产和生活中占有神圣的地位。

铜鼓，在中国已有2600年的历史。《魏书·獠传》记载：“俚獠制铜鼓。”它是古代骆越先民使用的一种乐器。最早的时候叫铜釜，它是用精铜铸成，外圆内空，鼓腰微凹，腰上有耳；鼓面饰有花纹图案，中央铸刻有光芒四射的太阳，周边铸刻有龙、凤、虎、狮、青蛙、稻穗等物。铜是一种金属元素。与少量的锡、铁按比例混合后制成薄片，敲打时可以发出丰富而悦耳的声音。古人是通过铜鼓听到了铜的声音，欣赏到了铜的声音。

铜　鼓

在壮语里，铜鼓初称为“咽”，原意为“听”、“听见”、“可传音”。可以说，壮族先人对铜鼓的认知，就是从铜的声音开始的。他们对铜鼓的热爱，也是出于对铜鼓所发出的那种奇特、悠远而神秘的声音的迷恋。铜鼓的铸造和流传，说明壮民族有悠久的历史和悠远的文化艺术。

壮族先民既勇于吸收汉族先进技术和文化，又善于将它们改造、融化，以充实和发展自己。从铜鼓的发展看，可充分证明这点。壮族古代青铜文化是在中原的青铜文化的影响下发展起来的。它一经产生，就具有自己的特点。铜鼓作为壮族文化的一部分，其表现形式是独特的，具有鲜明的民族性。但从铜鼓铸造发展史看，其冶铸技术及工艺确有一个从粗低到精高的过程。现在，壮族地区已有最古老的铜鼓出土，近年在田东发现的万家坝型铜鼓与云南万家坝的铜鼓是同时期的铜鼓，但其造型、铸造工艺，毕竟属原始粗糙。至于面径最大的铜鼓即北流型铜鼓以及工艺精良的石寨山型铜鼓，壮族地区也早有出土，但时代多在汉代。这似可看做是壮族善于利用汉族先进的冶金技术来发展、完善自己具有特色的铜鼓文化。

铜鼓的发源地是在红水河流域一带，特别集中在红水河沿岸的壮族山村。虽然经历了漫长的历史变迁和社会制度的更替，至今仍然珍藏着许多春秋战国时期铸造的铜鼓。目前，全世界有铜鼓约 2400 多面，造型、图案与中国铜鼓基本相同，据专家考证，世界各国的铜鼓是从中国外流出去的。中国是世界上出土并收藏铜鼓最多的国家，而广西铜鼓的数量则居中国铜鼓收藏量之首，全自治区馆藏量占全国总数的 1/3。广西是中国铜鼓之乡。广西壮族自治区博物馆就收藏有铜鼓 600 多面。其中，被誉为“世界铜鼓之王”的一面面径为 1.63 米的大铜鼓就在广西的北流市出土。目前民间珍藏有 1467 面，绝大多数分布在东兰、南丹、天峨、凤山、巴马、河池等县壮族百姓手中。

在漫长的历史进程中，铜鼓成为壮族人民一种强悍、不屈的民族性格的象征。在古代，铜鼓是部落的头人掌握和宗族所有，谁的部落占有铜鼓多，谁就势力强大，以铜鼓多寡论权力大小；部落之间的战争，只要自己部落的铜鼓还在响，即使仅剩一个人，也还是奋力前进，战死沙场。随着历史的变迁，部落演变为宗族家庭，于是，铜鼓也就随着宗族家庭代代相传，一直流传至今。

壮族，是一个信奉多神的民族。壮族先民把曾经给自己民族带来吉祥、平安的人、山、树、土地、太阳、青蛙等都奉为神圣，这是他们心中的神。因而对这些事物的敬奉和崇拜也成了壮族人精神生活的一个内容。

太阳是壮族先民崇拜的天体物之一。壮族民族间流传的《特康射太阳》、《候野射太阳》等神话传说，从一个侧面反映了古代先民对太阳的崇拜。壮族先民铸的铜鼓鼓面上，皆铸有光芒四射的太阳纹。铜鼓是娱神的乐器，先民们运用巧妙的艺术手法，将本民族崇拜物汇集于“通神之器”的铜鼓上，祈求增强其神秘的威力，达到娱神祈福禳灾的功利目的。花山崖壁画上也出现多处表现太阳崇拜的祭日舞蹈图像。魏收《五日》诗中也有“因想苍梧郡，兹日祀东君（太阳）”之句。直到近现代，壮族民间还保留有太阳崇拜的遗俗。

因此，铜鼓上以太阳为中心，光芒四射，表示万物生长靠太阳，还有青蛙等动物，它与壮族人的崇拜密切相关。它是壮族先民的重要图腾。

据《韩非子·内储篇》载，越王勾践很崇拜蛙，“越王虑伐吴，欲人之轻死也，出现怒蛙，乃为之式。从者曰：‘奚敬如此?’王曰：‘为其有气故也。’”古越人铸和使用的铜鼓，鼓面上经常铸饰立体蛙、单蛙或群蛙的图像，也是出于对蛙神的崇拜。左江流域崖壁画画面上的人物，动作姿势千篇一律地做两手上举，两脚叉开，跳跃前进的姿势，就是蛙神的形象，它是壮族先民祭祀崇拜的对象。以前，壮族地区流行的巫术，巫师替人赶鬼时，口中念念有词：“雷公举斧下来劈，青蛙持刀同去砍。”青蛙与雷公，同为壮族崇拜的神物。

壮族人认为青蛙是天上派下来主管雨水的使者，打击铜鼓能惊醒青蛙，“青蛙叫，雨水到”，进而获得丰收，故如今天峨、南丹、东兰、巴马、凤山一带的壮族人，每年都要过一次非常隆重的祭拜青蛙的节日，节日活动时间起码七天七夜甚至半个月以上，活动内容丰富多样，但从始至终便是壮族人“以鼓激蛙，蛙叫招雨，雨顺年丰”这一观念的生动演绎。

当天，当那些穿着裙子的少女、成年的妇女以及老人小孩慢慢地从各个山头向着广场走近时，人们开始相信这种现实：这些生活在山上的男人和女人，他们具有人类的一切幻想和激情，自从壮族人创造了铜鼓舞的那一天开始。

壮族人打着鼓，跳起舞，认为这些“神圣”为他们做了伟大的事业，因此要尊敬，遇到天灾人祸希望他们回来消灾去祸，保佑子孙平安幸福，生产风调雨顺。壮乡均有无数的神话、传说、历史人物、民族英雄，它们常常与自然崇拜、与图腾混淆在一起。常常是人成了神，神也拟人化成了人。原始宗教，它崇拜大自然与大自然力，认为天地、日月、树木、山川都有神灵，并以自然的形象赋予诸神以人的形象。

祭祀天地祖宗，是世界性的广泛的文化现象，很多民族都认为天神、祖先神创造或奠定了世界的始基，分开天地，创造了人类和文化。这样，在祭祖祭天时讲述它们的神迹，这就形成了各民族的人类起源神话、始祖神话及神话史诗。

铜鼓，它那笨重的鼓身，低沉威严的鼓首，传谕神灵，通达神旨，召集部众祭祖、战争、喜庆，承载着世族的精神文化传统，先祖的痛苦和欢乐由此昭示后人。人们无疑也体会到人类形式美感的起源，从祭神到娱人，在鼓由简而繁的鼓语中，原始人类已感受到宣泄感情的强烈的审美快感，离神越来越远。这就是铜鼓亘古以来的历程：从祭器到乐器。

铜鼓作为壮族原始氏族的祭器，人们对它怀着神秘、虔诚、膜拜的宗教心理和物我同一的混沌意识。鼓既是形态各异的实体，又是原始先民集体表象中祖灵、鬼魂、母体子宫、人类由来的多重复合心理象征。

祖先崇拜是渊源于母系氏族阶段，兴盛于父系氏族阶段的原始宗教信仰。人们借祭祖，强化血缘、家庭观念，维护氏族内部团结，巩固形成不久的氏族组织，增强自身在大规模的氏族、部落兼并、整合中的力量。祖先及其精神灵魂，无疑是联系其子民最强有力的纽带。除了各个氏族所信奉的图腾能发挥表号作用外，随着社会生活的日益复杂化，各族先民迫切需要一种直接与祖先联系、能表达祖先旨意，又能将本氏族从同一图腾的母系氏族中区别出来的象征或标志，壮族不离的铜鼓正发挥着这一功能。

现今的铜鼓舞完整保留了产生于远古父系氏族阶段的祭祖形式，是极为难得的壮族原始崇拜的原生形态。壮族原始崇拜已变为强烈的民族精神。铜鼓舞的神话叙述功能，以及固定的舞蹈套路、动作，由铜鼓的固定节奏制约而千古不变，它体现了祖先创业、迁徙的悲壮及不屈不挠的性格，这是壮族独具的英雄时代所铸的民族气质，时时在唤起子孙的缅怀之情。

壮族在祭祖、祭天大典上使用铜鼓，发展至今仍体现着神圣的文化内涵。试想，没有神圣，哪来开头的传说，一代又一代壮族人之所以对铜鼓的崇敬，推崇备至，决非尊古、崇古、迷古所能解释，实在是因为它自身光辉四射，力量无穷，才吸引得世人对它的关注和热爱。

可以这样说，铜鼓形成巨大的力量，得以向寒风、酷日挑战，让自己的民族的血脉和文化不断传承延续……

第二节　庄严与神圣

人们在寻找人类古代文明路基时，竟发现有那么遥远，又有那么庄严，在诸多现象中抽丝剥茧而呈现一个民族独具的宗教魅力。

壮族与世界各民族一样，都经过一个漫长的原始社会发展阶段，这当中注定要经过一个很长的氏族公社时期，即母系氏族公社和父系氏族公社时期。当人类社会发展到了一定的时候，人类社会早期分散的原始群团便已不能适应社会，于是要求有一种固定、持久的社会组织作为最基本的单位。

当然，这是壮族很古老的历史了。

关于壮族先民民族公社制，1980年以前，广西天峨县白定乡壮族民间社会，还流行着“除了青风木无好柴，除了舅子即无好亲”，这是远古的舅表婚的遗俗，它意味着外甥女到了出嫁年龄时，她的舅父之子有娶之为妻的优先权。只有舅舅没有儿子，或男方不意愿娶她，外甥女才可另嫁别人。这种习俗显然不符合今天人口健康发展的要求，已为当地的壮族摒弃，但它反映了壮民族在发展进程中曾经存在过姑和舅两个相互通婚的单位，这种婚姻状态，依然处于群婚状态，其实到后来，他们的后代都出自一个共同的女祖先。

“只要存在群婚，那么世系就能从母系方面来确定。因此，也只有承认女系。”恩格斯曾经这样说。

这便是壮族先民母系氏族公社的遗痕，这体现了壮族先民的女性曾经享有崇高的地位。

因而，壮族先民妇女在经济生产活动中的重要地位，也延续下来，直至宋代还有明显表现。《太平寰宇记》卷一五九载：岭南西路“织竹为布，人多蛮僚，妇市，男子坐家”；《岭外代答》亦载：钦州“城郭圩市，负贩逐利，率妇人也”；《古今图书集成·职方典》引《庆远府志》亦云：“河池土风，耕作力田以及走圩市物，大率皆由妇人。”

每个氏族都推选一名氏族长作为全氏族的组织者和领导者。

这个氏族长要由本氏族中一位年长、能干、有威望的妇女充任。

壮族称之为“都老”。氏族长不仅是本氏族生产、生活的组织者，而且也是产品的分配者，对外代表本氏族。

每个氏族都有一个共同的女性始祖，作为氏族赖以联系的纽带和氏族的象征。因此，氏族通常以她的名字或者与她有特殊联系的某种动物、植物或自然物的名称来命名氏族。图腾崇拜之所以产生在这个历史时期，乃是因为女祖先的配偶是不可知的，因而人们常把最值得崇敬、怀念、有功的某种动、植物或自然物作为女始祖有特殊关系的象征物，从而也就把这种动、植物或自然物的名称作为本氏族的图腾加以崇拜，继而又常常以这种图腾的名称作为本氏族的名称。以后，氏族名称又演变为本氏族及其后代的姓氏。例如壮族先民有的氏族因崇拜水牛（壮语称“韦”），便有韦氏族；有的氏族因崇拜青蛙（壮语称“越”），便有越氏族；有的氏族因崇拜鸟（壮族称“骆”、“罗”），有骆氏族，罗姓人；如此等等。

到了父系氏族公社时期，壮族先民的社会组织仍以公社为基础。但负责管理氏族公社事务的“都老”已由女性转变为男性，并延续了下来。《隋书》卷三十一《地理志·下》说，到隋代岭南诸僚“有（铜）鼓者号为都老，群情推服”。直到1949年以前，壮族地区的“都老制”仍有广泛的遗存。

人们来到十万大山区的凤凰山脚下，一个近百户人家的壮族村寨，便听到这里的老人都说，居住在这里的壮族祖祖辈辈都奉行“都老制”。这是壮族村民自我管理的一种传统的社会制度。它的主要领导由“都老”和“酒头”两人组成。他们的任务是召开村里的长老会议、村民议事会议，讨论和处理全村的重大事情。因为一切以“都老”为核心，故名。

“都老”一词是壮语音译，是村民对族长或头人的音译，既是尊称，也是职称。在壮语中，“都老”和“都给”是同义词，两者可以互称，也可以并称，因他的职责是总理全村的公共事务，故也称“总理”。

“都老”是由村民选举产生的，或由年迈卸任的“都头”推荐、经群众认可而产生。“都老”必须具备以下条件：老年男性；办事公道，作风正派；热心为群众办事；经验丰富，有一定工作能力和魄力，有群众基础等。如果丧失以上条件，随时都可能被撤换，始终保持这些条件，就可连任终身。

“都老大过天”，那些老人认为都老的影响比天还大。这说明过去，都老这一特有的社会组织形式对于村寨有着重要性，说明了都老对于当地来说曾经是个管理的形式，是个制度，或者说是个“习惯法”。而这个“习惯法”是为村寨的壮族同胞所认可，并共同遵守的一种特殊的“习惯法”。

自古以来，壮族一直不停地耕耘，跋山涉水，他们在历尽人间的苦难，朝着苍穹下巍然屹立的十万大山，向着绿松耳石一般的土地挺进，走出一条通往安居的神圣之路。

壮族先民“居岭海间”，“斫山为业”。有一天，他们走到了十万大山，走进了一片山水秀美的净地。美丽的森林，古松林立，青葱秀逸，微风拂过，枝叶有声。

山水之间是壮族追寻的家园。在这里，他们找到了自己的庇护所。

山水给人以目标，给短暂的人生以永恒，它使千万人的热情畅流在山水中。众多的族人从四面八方走来，他们从一颗陌生的心灵走向另一颗，把分散的人群团聚成伟大的整体。

正是河流和大山为壮族人的生存提供了肥沃的土地和充足的水源，他们的村寨犹如明珠般顺着河流鳞次栉比地排列，成就他们的新生活。在他们眼里、心里，这是故乡，在此脉脉相传，生息繁衍。他们以其旺盛的精力，以及在极其艰难的条件下所煎熬出来的顽强精神，在大山里，发展生产，安定生活。

慢慢地，人们之间出现大规模的相互认同和仿效，使这种文化现象成为象征意义的符号，说到底是以象征方式寻求心理依附，是一种显示出当时年代特点的大众的共同信仰，也形成了壮族的初始的道德准则。渐渐地，壮族逐步形成了一个注重道德品质，讲究个人修养和形象的民族。他们一生严谨，守纪律、遵道德、团结和睦、尊老爱幼，他们诚实无欺，勤劳本分的品德为所有民族称道。

今天人们常说，一个制度就是一种保障。壮族人居住的家园，山峻水美，林密菁深，历代封建统治者鞭长莫及。为了这片家园的永久，为了维护本族人的利益，就产生了既带有封建政治色彩，又具有壮族世世代代因袭下来的原始公社特征的“都老”制度。

有一个叫黎国轴的老人说，“都老”所订立的制度就是当时壮族社会稳定和发展的保障。因此，“都老”的制度内容就得按照壮族同胞的生活习俗和愿望来规定。

“都老”的大致职责是：领导村民制定村规民约；维护村中社会秩序，村民违犯村规民约或伤风败俗，如强奸、调戏妇女、不赡养父母、不教养孩子、无故不参加公益劳动、盗窃他人财产、放纵禽兽践踏庄稼、打架斗殴、毁坏他人名誉等事，概由“都老”从中调解，调解无效就召开长老会议或村民集体裁决；掌管全村公共财产如荒地、牧场、坟地、河流、水源、蒸尝田、罚款收入等；执掌集体祭祀，如上坟、拜土地公、打醮及祭社聚餐等事；领导全村群众进行公益建设，如修筑道路、修建桥梁、挖掘水井、植树造林、护林防火、开发水利资源以及修建宗祠庙宇等；组织群众开办学校，培养人才。

老人还说，每个村寨有1～3名“都老”，由群众推选产生。“都老”是在群众中自然形成的。民间有事请头人解决，须预先送给他一粒红槟榔，约定他于某月某日到谁家论理，他就会按时登门调解。被邀请的头人，为了维护自己在族人的威信，故不单独调解，而由几个头人互相推荐，在一起讨论协商后，才前去调解。

办事公道，经常有人聘请的头人，就能继续干下去；如果做得不好，失去群众的信任，头人的职务也就自然消失。因而，头人在群众中享有崇高的威望。

这些显然已经延续了许多年的“都老”制，让人们仍然可以窥见远古时期壮族先民社会组织的影子。

据说，在不同的时代里，违反这些条规，轻则罚款，重则处死。都老制度执行虽然非常严格，但它的设定并不具有强制性，而是由公众议定并一致通过。这些条规的设定是在村民会上通过的。村民会极其隆重，与会者首先集合，由都老头人先说话，之后详细宣读拟好的条规草案。宣读过后，与会人员可提出不同意见供会上商讨，最后以默认或欢呼加以通过。条规一经通过，即成为都老组织内具有法律性质的“条规”。

这些条规的执行极其严格，有些甚至过重，也可能不尽合理，壮族同胞都会小心翼翼地遵照条规办事。也正因为如此，大山里的壮家人才能够在上千年没有官府势力管理的情况下，保持稳定的生产和生活秩序，在艰难的环境中繁衍生息。

千百年来，都老制度对内维护治安，保障壮族人利益；对外防御敌对势力的侵扰，较好地维持着山区壮寨的社会秩序，在壮族同胞心目中留下了深刻的印象。

国有国法，家有家规。都老制度，就是组织形式内的“法律”，是壮族人最早形成的法制观念。面对先人，人们会感到一种庄严，一种神圣。

第三节　多情的节日

农历三月的壮乡早已树绿花红，三月三的壮乡是多情的节日。壮乡的三月是男女青年对歌的日子。乡村里涌动着一种兴奋，一份激动。姑娘们就是奔着歌圩而来的。

歌圩源远流长，是壮族至今仍保留原始祠神娱乐的一种风俗。古越人喜好歌，因而就产生对善歌者的崇拜，俗称歌仙。

清人李调元的《南越笔记》卷一引用下面几句话："越之市名之圩，多在村场，先期招集各商或歌舞以来之，荆南岭表皆然。"岭南越人善唱歌，在唐时已为中原人所熟知，因而张籍在《送严大夫之桂林》诗中有"听歌难辨曲，风俗自相谙"之句。

有了唱歌的风俗，又有对善歌者之崇拜，就有壮族歌圩，就有民间传说中歌仙刘三姐产生的土壤了。20 世纪五六十年代产生的壮族歌舞剧和电影《刘三姐》，便是壮族歌圩文化的生动再现。

人们常说："诗言志，歌传情。"居住在红水河流域的壮族，是一个歌的民族，自古以来就有唱山歌的传统，西汉刘向著的《说苑》中，就记载有春秋时代壮族先民唱的《越人歌》。壮族几乎人人会编山歌，个个会唱山歌。在日常生活中，壮人不仅以歌代言，以歌会友，男女青年还可以歌恋情，倚歌择配，结为连理。歌圩是常见的壮族的对歌、会歌活动，小规模则几十、几百人，大规模则几千、几万人，不讲排场，随地而歌；有白日唱的，也有夜晚唱的；有的有固定的日期，如东兰、巴马、大化、都安等地就约定于每年的农历三月三为"歌节"，有的则没有固定的日期，平日唱、圩日唱、逢年过节唱，年头到年尾，人歇歌不歇。歌圩对唱的内容十分丰富，上至天文，下至地理，从自然现象到人文活动，七通八样，无所不包，但爱情却始终是歌圩的中心主题内容。壮人对歌，有传统手抄的歌本，但绝大多数是临时随口编唱，词句生动，调子好听，你来我往，无休无止。平果、武鸣、马山等地盛行的壮族传统“嘹歌”，共有2万多首，8万多句，质量高，数量大，是壮族歌谣中的华彩乐章。

原先，三月三这个节日只是祭祖的，仪式主要是纪念先人，祈祷五谷丰登，后来发展为河畔嬉戏、男女相会、插柳赏花等民俗活动。壮族则以搭歌棚、举办歌会为主，青年男女对歌、碰红鸡蛋、抛绣球，谈情说爱。农历三月歌圩，壮语称“歌坡”，即在山坡上对歌，以歌会友之意。这一天，男女青年放下了手里的活，从箱子里找出自己最好的衣服，换上了，就呼朋唤友，三三两两地陆续拥到圩场附近的河边。

壮家生来爱唱歌，
山歌越唱越快乐。
家中没有隔夜米，
饿断肚肠也唱歌。

这首山歌充分表现了壮族人民如饥似渴，爱唱山歌的精神境界。

哥在这边打一望，
妹在那边心爽爽，
唱个山歌抛句话，
爱意传到妹心上。
若是今生无姻缘，
哥先断命赴阴间，
烈日山下泪涟涟，
哥等阿妹三千年。

歌声像一圈圈轻柔凄美的漩涡，在歌圩的长河里流淌，悠远而多情。

壮族是一个爱唱歌的民族，他们在生活中因唱歌而相互认识，因唱歌而男女相爱，因唱歌而彼此结婚。到了壮乡，要是你能听懂壮族语言，听起歌来，常会为歌情动泪流。那种真切的情感，那种深沉苍凉和亲切豁达，那种真诚，那种野地生野地里长的情结……

隆林壮族山歌内容丰富多彩，形式多种多样，最负盛名的要数排歌“颠罗颠罗那”。

“颠罗颠罗那”起源于明朝初年，由一个动人的爱情故事《失散的鸳鸯》而产生。故事叙述一对青梅竹马的壮族男女青年光比和南嫩，因抗击外来侵略者而失散：

江头八寨响枪声，
江尾十村群激愤。
爹娘劝子快出征，
驱敌除寇保山村。
光比出征上战场，
南嫩在家养爹娘。
光比一去不回还，
南嫩伤心哭断肠。

“颠罗颠罗那，颠罗友呀颠罗恩乃儿”是排歌的起唱句。“颠”壮语是“对”的意思；友即朋友；“恩”是“嫩”，指年轻；“乃儿”语气词无实义。整句意思是：“对罗，年轻的朋友”。

“排歌”是交际歌。年轻人到别的寨子作客，应主人而唱：

颠罗颠罗那，
颠罗友呀颠罗恩乃儿。
南岸花开北岸香，
蝴蝶飞过南盘江；
花儿才开好腼腆，
只想看见花一面。

颠罗那！
南岸花开北岸香，
蝴蝶飞过南盘江；
见了花儿心想念，
又想采来又想拈。
颠罗那！

三月的壮族小伙和姑娘就是这样邀帮结伴，沿着古老的山路跋涉几十公里到歌场去唱歌、会友。一些人唱歌相恋之后，后来的歌便是可以为恋人去生、去死，甚至还要约定死后的等待、相会。

白天，他们或在歌会里对歌，或在人群里逛荡，顾盼神飞；入夜便三三两两手拉手走进圩场，在圩场里漫步、唱歌、听歌。遇到熟识的异性时，若有兴趣，便可招呼谈笑，一起对歌，互诉衷肠。这种对歌是青年谈情说爱的巧妙方式，是青年互相认识结交，用以择偶的好机会。喜欢谁了，便搭话，同伴们帮腔，你一句他一句地聊，聊得热乎了，小伙子便挤着去人丛中买一两包瓜子，分给女的那一伙，这样，谈话便咸津津地带有一点瓜子味道了。姑娘中野一点的便去撩拨小伙子，抢他手中、怀中的瓜子，嘻嘻哈哈地纠结一堆。小伙子群中常常推出一个，把他朝中意的那个姑娘身上推。一来二去，不要多久，两大阵营中便会分离出一对，小伙子上前拉了姑娘的手，拿着手电筒一明一灭地往山上的古树林中去了，他们将在树林里过一个甜蜜之夜。

歌圩这种传情的风习，代代相传，谁也不会大惊小怪。

他们唱的是调子明快的、充满欢乐的、真正的情歌，这些情歌内容直白，大胆。是那种“你爱我”、“我爱你”的情歌。尽管歌词有些是隐晦的，但大部分内容直指两性关系，即使委婉地翻译过来，也常常让城里人感到难为情。但他们自己一点没有难为情，他们是坦然的，他们认为两性关系天经地义。民族的发展、人类的繁衍生息、社会的发展不是从两性关系来的吗？一个连爱情都不敢追求的民族是一个没有希望的民族。

对歌使男女青年约会的路变得明亮。有时候由于心跳，小伙子为了尽快敲开爱情的门，他们的双脚会在歌声中奔跑着。因为在壮乡，人与人，户与户之间都有山水的相隔，要寻找到自己目光之中的爱恋，需要心灵来引导。

歌声显得如此重要，当它一旦发出共鸣，姑娘小伙就会出发。听到歌圩上的对歌，人们就应理解壮乡，他们寻找爱，寻找爱人，每一个人都在这歌声中拥有了可以披荆斩棘的勇气。

壮族人钟情于这种浪漫。壮族人寻求和享受爱情的方式是原生态的，爱情的获得又是智慧使然。

当然，在今天现代化已进入了壮乡，现代爱情看起来很现代，小伙和姑娘们已开始发信息、上网、看电影、逛公园，在情人节里送花，在咖啡屋里品咖啡，这也许是一种进步，是一种外来文化的影响。但我们也别忘却了在歌圩里产生的爱情，那些纯粹本真的爱情，在多情的节日里，姑娘们把自己的全身上下打扮得更美丽，蓝得像天空、像山野、更像路边的花朵，显得宁静、质朴、自然，袒露着她们阳光般明朗的个性，她们还会集中起来唱歌，歌声中少了日常生活的沉重和艰辛，多了对当下的歌颂，多了对未来的憧憬。

第四节　别样的婚嫁

凡是来到壮乡的人，住上一段时间，就能领略壮乡那富于独特风情的婚嫁形式，品味那充满喜悦的幸福恋歌。

壮乡幸福的领域之一在夜幕深处展现出来。皎洁的明月是古今人们最喜欢的一种意象，只要有明月高悬的地方就会看到一片干栏，甚至可以看到干栏的窗口亮着灯……

那个心跳的小伙子抵达了门口，屏息了一下自己的心跳，姑娘把他的手抓住。姑娘让小伙子进了屋。一切都按照男人和女人的神话进行着，两者就进入了谈情说爱的生活，通过对歌了解对方人品、才智、能力和家庭情况。

男女青年恋爱自由，但订婚要征得双方父母认可。通常由男方家托人到女家提亲，取回姑娘的出生年月日，与小伙子的出生年月日进行合命礼，然后男方携带槟榔等礼品到女方行认亲和订婚仪式，女方则回赠布鞋、糍粑等。

男家择定结婚吉日后告知女方家中。

迎娶时，男家送给女家的诸多聘礼。按传统习俗，凡迎娶一方均要送给出嫁一方一定数额的财物。种类、数量或送达时间，因年代、民族或地区以及各个家庭经济条件不同有所差异。通常被视为对娘家养育女儿付出辛劳的一种补偿，所以旧时也称“身价钱”。礼金主要是给出嫁一方用于购置陪嫁品，或用来筹办出嫁时招待宾客的宴席。20世纪50年代以后，礼金多用人民币计算。如壮族所送的聘礼一般为100～250元，肉30～50千克，酒15～25千克。

20世纪90年代以来，随着乡村生活水平的提高，彩礼数额大幅度增加，聘礼的数量和种类也相应丰富。经济条件较好的壮族乡村青年结婚，彩礼一般都在5 000元以上，而女方陪嫁品也从自行车、手表、缝纫机变为彩色电视机、洗衣机、电风扇、电冰箱等。经济条件较差的地区，彩礼也在2000元以上。

当然，这当中，槟榔是不可少的。岭南一带盛产槟榔。凡订婚或迎娶，必送槟榔。所送的槟榔以千计，用苏木浸染，每8枚包以蒌叶，每二三十叶为一束，缚以红绒。男方父母将槟榔用红纸包好，由媒人送给女方作定亲礼物。如果是入赘婚，则由女方父亲送亲家两个槟榔。双方商定结婚日期后，女方按照男方计划邀请参加婚礼亲戚好友的人数，把槟榔如数切好，送回男方，由男方发给亲友，亲友接到槟榔后准备礼物，届时赴宴祝贺。

对唱山歌，贯穿迎娶全过程。

桂西一带流行夜婚，即在夜间迎娶新娘。男方的迎亲队伍由村中能歌善唱的小伙子组成；女方也会选择能歌善唱的姑娘组成送亲队伍。当迎亲队伍达到姑娘村寨前，女方的姐妹们从村口至新娘家门口，设置3道路障，挡住迎亲队伍。双方需要对唱山歌，首先由女方唱盘歌，男方即以歌解答。如果姑娘们对男方的解答感到满意，就撤去一道路障；直到3道路障全部撤除，方可进入新娘家。

壮族的婚姻习俗多姿多彩。热闹中，也有哭泣，也有感伤。

壮族新娘出嫁前一天夜晚，众姊妹聚集在姑娘的闺房，一边帮助新娘整理嫁妆，一边伴随新娘唱哭嫁歌。

先唱叹父母养育的恩德与艰辛、生活艰难的《叹父母歌》、《叹弟妹歌》、《叹众亲歌》、《叹祖宗歌》；接唱姐妹们的深厚感情与难舍难分之情的《伴离歌》。新娘和众姐妹相拥而坐，眼含热泪唱至天明。男家迎亲队伍来到，新娘和姐妹们的歌声更加悲切，相继唱起《骂媒人歌》、《骂郎歌》、《骂接亲人歌》，歌词内容主要是斥责狠心的媒人、新郎或接亲的人造成亲密姐妹分离。如果新娘出嫁前不骂或不会唱骂嫁歌，会被人们讥笑为不懂事理、迫不及待出嫁。

个别地区的壮族姑娘在出嫁前一个星期到半个月，每天清晨就起床唱哭嫁歌，倾诉将与亲人离别及对故乡的留恋之情，称“催早”；每天太阳快下山时，又放声哭歌，哭诉父母养育之恩难舍难分，不能膝前敬奉，称“送日头”。善哭者，歌声凄婉，连母亲、姐妹都陪着一起哭。每天早晚都处于凄凉依依的气氛中，平时同村相处的女伴们听到歌声后也会前来陪伴相劝，女家亲友和众歌手围坐在堂屋，新娘打扮一新，坐在祖宗香火堂前，先给客人分发糖果、瓜子、香烟；新娘放声哭泣父母养育之恩和兄弟姐妹难舍之情，以及感谢亲友们的祝贺等。

接着，歌手、众亲们都踊跃地独唱、对唱，祝贺新娘婚后幸福，教她过门后如何做人持家，这时新郎家派来的鼓乐队吹起唢呐伴奏，唱一句，吹一曲，由凄切的哭嫁氛围变成了满堂喜庆，一直唱到半夜始散。

哭嫁，是幸福的感伤，是壮族人的感恩意识。

清晨，出嫁的时辰到了。

新娘由一位儿女双全的妇女将她从正厅堂背至干栏楼层的大门外，背时脱去新娘的鞋，到门口再穿上，表示脚印已经出门，不再后顾。接着由兄长将新娘背下楼梯走出干栏，不让新娘的脚触地。送亲路上，凡遇到渠道、小溪或河流，都要由新郎将新娘背起过桥或涉水过河。

就这样，女方的亲人与迎亲的队伍在锣鼓声中、唢呐声中，沿着山路走向男家。

新娘到村边后，在村边“放哨”的姑娘立即跑回报讯，男方家里即把早已准备好的酒菜摆上桌。新郎的父母，还有亲人，必须在村口迎候。这是一个平等的、尊重对方的婚姻。双方对拜，所有的人在此相互问候，祝贺。

然后欢歌乐舞，新娘在男方亲人引领下走向她将要长期生活的新家。

迎　亲

开怀的笑声和着噼啪的鞭炮在门前震响。鞭炮声刚停，新娘就唱起了入门歌，歌声刚落，头盖还没有掀开的新娘就要脱鞋洗脚，换鞋，这样表示新娘的洁净、清白。

全家老少和接亲的女青年陪着新郎新娘高高兴兴入餐。大家纷纷举杯向新郎新娘祝贺。新郎新娘也纷纷举杯敬父母和大家，表示相亲相爱，白头到老。

女方的大舅斟上满满的一碗酒，敬亲家大舅："今天摆桌联亲，今天碰上结缘，从此水推不分，从此斧砍不离，我们竹不成林，木不成山，办不成酒，开不成台，只有一节木根敬大舅，只有一片木叶敬你亲家。"这是一种谦虚，一种豪气。

随着一声高呼，新郎大舅从盘中拿起一只香喷喷、黄油油的大猪腿，双手恭敬递到亲家大舅的跟前，新娘、新郎也用筷子夹起鸡肉送到亲家客人的面前。

歌声和酒碗的不断碰撞，映照着人们通红的脸。歌声清脆婉转，真情动人，声音本色，感染力很强。一个接着一个，像云雀飞翔。也许是山泉水滋润了他们的嗓子，每个人的嗓子都可以发出高亢、悠扬的声音，传出他们的各种信息。

壮族，恋爱婚姻是平等的。

隆林、西林、田林一带，有的壮族还流行女娶男嫁，男随女居的入赘婚俗。

男人出嫁如同女人出嫁一样，要离开自己父母家，到女方家去住。不同的是，那男人得改从妻姓，成了女家的一个家庭成员，像其他子女一样，可以继承财产，当家做主。

要做上门女婿，或招女婿上门，是有原因的。

过去在乡下，为了增加劳动力，有的家庭生了不少的小孩。若是女孩，还真的能帮家里分担了不少的农活，但长大了就要嫁出去；若是男孩，大了肯定就是家里的顶梁柱。但男孩一多就麻烦了，长大了要结婚的，结婚要有新房的。而要是一个家庭里有几个兄弟，那房子就不够用了，多少就显得挤了。

那就上门。

上门的婚事要比一般的难些。男方先得请人到处打听，女方有哪一家愿意男方上门，知道是哪一家了，才敢和对方相处。相处好了，才能向对方表露成亲的心事。对方同意了，这婚事才算有了眉目。

男方想上门的另一个原因，就是觉得所居住的环境条件不够理想，希望走出家门，闯一闯，改变生活的状态。

女方招赘，无非有二：一是有些女青年，为报父母养育之恩，下决心不出嫁，就留在家中赡养父母。但婚还是要结的，不过得自己去找一个愿意上门的如意郎君。那如意郎君额头上没写“上门”二字，所以那姑娘也得走村串寨地去了解。初春，农人忙着耙田插秧，种玉米；仲夏或深秋，则忙着收玉米和稻谷。有些人家人手少，得请一些帮工。趁这机会，那些需要找上门郎的女子就出来去做帮工。吃住都在主人家里，白天给主人干活，晚上就和村里的男青年到村外的野地里对歌。村里的男青年，知道这些来帮工的人里面，有一两个是来招赘的，就结伴出来与她们对歌。若被看中了，就上门去；若是看不中，就算是来凑热闹的。所以，那些夜晚就变得非同寻常了。招赘的女子，要比一般的用心，看中了哪一个男子，第二天就主动去接近他。如果男方有好感，愿意接受那份爱情，没几天的工夫，那婚事就基本谈成了。正好，农活也干完了。

女方招赘的另一个原因是因为家里没有男孩。没有男孩，算是断了香火；若能招个女婿上门，继承宗祧，那就算续上了香火。所以，招婿的事，父母比女儿还急，亲自出面物色，或托媒人去说。总之，非把这门亲事说成不可。

结婚的仪式是要举行的，但程序都反过来了。这一回，男家是不用举行仪式的，也不用准备彩礼了，女家把一切都包办了。结婚的那一天晚上，女家大摆酒席，宴请族内亲朋和村中的寨老。然后让他们按本族姓氏和同辈男子的字辈，给上门的女婿改姓。这女儿在家中排行第几，女婿也跟着排行第几。也就是说，他从此就是这个家庭里的成员了，同辈可以对他称兄道弟。所生子女须随女家姓。当父母去世时，他可以作为儿子披麻戴孝，参加所有的送葬的程序。其妻若是早逝，家人还可以帮他另娶媳妇。这真的与亲生儿子没什么两样。

当然，随着时代的变迁，现在入赘男子，有的地方也不用改姓了，所生子女可以不随女家姓。

壮族是一个懂得孝敬的民族。在一些地区的壮族婚姻还实行两边居，也称两边走、顶两边：男女结婚后并不固定在男家或女家居住，而是实行两边走的生活方式，在男方家住一段时间后，又到女方家住上一段时间；一般多是一年里轮流在两边家庭居住，居住时间的长短，视农活多少、生产节令、家庭劳力等情况而定。夫妇在一方居住，少则十天半月或一个生产季节，多则不过半年。两边居的婚姻并不是一辈子都要走来走去，而是兼顾双方家庭的劳动需要，坚持3～5年或10多年，乃至20～30年不等，最后定居在一方。两边居的家庭，夫妇无论在哪里居住，对老人及兄弟姐妹都得关心，对男女双方的父母都负有照顾、赡养的义务，参与两家的农事劳动。

不管怎样，这别样的婚嫁恋歌，在壮乡传唱了千百年，这歌声在风中回荡，这歌声传唱着壮族的生命史，壮家人的幸福与歌声一起飘荡……

第五节 生礼与死赞

壮族人尊重万物的生与死。

壮族人敬畏人的生命。

这与壮族人的宗教信仰有关。

在宗教上，壮族原为自然崇拜、多神信仰，到崇拜原始巫教，但当道教传入之后，巫教吸收了道教的成分。而道教能够传入壮族地区并为巫教所吸收，说明壮族巫教具有较大的兼容性。壮族巫教在吸收道教时，对它进行改造，使巫道结合。《布洛陀经诗》中既崇拜布洛陀、姆六甲，也崇拜道教主神太上老君，但是崇拜布洛陀为主要的。

祭祀布洛陀

“布洛陀”是壮族自己敬奉的人文始祖，是壮族人的生命之根，在红水河中上游的天峨、东兰、巴马、大化、都安等地，早就有布洛陀的故事在流传，并有不少的《布洛陀经诗》的手抄本从古传承至今，《布洛陀经诗》是阐明壮族文化起源的依据。红水河中上游一带的壮族，也把“姆六甲”作为自己的始祖母来供奉，而在中下游广大地区的各种寺庙中，又都在主神的一侧另单独安置有一尊主管人类生育大事的“花婆神”来加以朝拜，这就是人们通常所说的壮族生育崇拜的文化现象。

壮族人都把这些带给人的生命、生存的神灵敬畏崇拜，对人的生命，不分男女，十分尊重，便成了习俗。

婴儿出世的当天，男方家父母根据婴儿性别，必定拿上一只鸡（男雄女雌）、拎上一壶酒到亲家家里报喜。这是因为壮族人习惯用姜酒煮鸡供产妇调养，也请亲家共庆新生命的诞生，以表敬意。亲家看到“报讯鸡”，便知外孙性别。

娘家也送一对雌雄鸡作为还礼，以祝愿外孙如小鸡一样，脱壳便能下地奔走；同时，也希望女儿像鸡生蛋，蛋变鸡一样不断生育繁衍后代。

产妇分娩后，在产妇的房门插物作标志，让人知道，以防生人误入。各地门标不同，天等、德保、那坡、百色、柳城多插柚树叶，并以男左女右为标志；大新一带则插桃树叶或松树叶；隆林一带生男孩插红纸，生女孩插树叶；上林一带生男孩插红叶，生女孩插绿叶；宜州一带立两根青竹竿于门前，竹尾贴上两条红纸，若是男孩，在竹尾插上一根雄鸡的羽毛，女孩则在竹尾插上一个画在纸上的月亮。有的地方的壮族，家有新生儿出世，为新生儿栽种 100 棵杉树。18 年后，杉树成材，新生儿也成年。男的成家，可上山砍伐杉树建楼，备家具，迎娶成家；女的出嫁，可砍伐杉树换取钱币办嫁妆。

分娩后的第三天，女婿回娘家设宴邀请外家亲戚和至亲好友，庆贺得子（女）。大新、那坡一带外婆家要送一担糯米饭和几十个染红的鸡鸭蛋。女婿家将糯米饭、红蛋等摆厅堂中，邀全寨小孩聚门外向人高喊：“约稍（女孩）或冒（男孩），来耕田罗！去种地哟！上山种树哪！”喊过后，给孩子们每人一团糯米饭和一个红鸡蛋，以此祝福婴儿。

这是一个绿色的习俗，环保的习俗，至今仍有部分村寨传承。所有这些，都希望自己的孩子，像绿色的生命，纯洁，健康，茁壮成长。

谁家屋前竖起标记，特别是晚婚晚育的头胎婴儿，人们就会当做全寨的大喜事，前往祝贺。

正是由于这种对生命的敬畏和尊重，壮族人在自己孩子的成长过程中还有不同的习俗。若遇小孩多病，经道公卜算，如八字同生父母相克，或生父母薄命养不起，需举行拜寄仪式。有拜寄人、拜寄物等不同对象，均按所拜对象另取新名。认为经过拜寄，可以从所拜寄人、物中获得新的生命。父母物色拜寄的人要“命好”，即拜身体健康、夫妇双全、家境较好的成年人，年纪越长越好，一般被拜寄的人都乐意接受。正式举行拜寄时，要由道公或巫师择吉日，请对方吃饭，或带小孩登门认寄父母。拜认时，按照推算，小孩出生年属金、木、水、火、土五行中哪一种。如属金命，按五行相生“金生水，水生木，木生火，火生土，土生金”的原则，拜认一位属土命的人为寄母。然后由寄父母给孩子取名，并给孩子送一只碗、一双筷子、一套衣服、一顶帽子、一双鞋子给寄子寄女使用。

这种生育的礼仪，朴实无华，亲近自然，在人性当中是最真最善不过了。

这是壮族人家喻户晓的传说形成并代代相传的习俗。

这是一个壮族孩子亲历一次母牛难产，引发后人对生命的思考。

话说很久以前，一个壮族的娃仔去放牛，他看到难产的母牛，痛苦得竟流下眼泪。晚上回家，就问他妈妈：“娘，你生我的时候，也这么痛苦吗?”娘回答说：“孩子，娘生你的时候，比母牛生牛崽还痛苦哩。”妈妈的话，在他小小的心灵里，引起了震动。

从此，他懂得尊重母亲，等到他母亲死的时候，他埋葬母亲，在坟边哭了三天。回来后他就杀了一头大牛，让人们吃牛肉。还将两只牛角挂在母亲的坟前。从此以后，一传十，十传百，村里人村外人家中有父母亲去世了，大家都学着壮族娃好好地为他们送葬……

壮族历来就很重视家庭教育。每逢人们围火塘取暖、饭后闲谈时，家中老人都要对后辈人进行伦理道德教育，鼓励子女要勤劳动，不要好吃懒做、不偷窃、不做坏事；要敬老爱幼、抚养父母、夫妻和睦、与人诚实相处。每逢大节祭祖，要由族中老人念唱历代祖先姓名和他们的贡献，家中人要在旁静听，念完之后才能进餐，以示“不忘祖根”。20 世纪 90 年代以来，随着社会的发展和改革开放的深入，广大壮族同胞涌向发达的地区去经商、打工，在生存压力加大的情况下，外出的壮族人生育观念也发生改变，他们渐渐告别了多子多福的传统生育观，开始自愿不想多生子女，把更多的精力与财力用于家庭致富、子女上学等方面。壮族人口在这个时期进入中国民族人口低增长率的行列，是在计划生育基本国策指导下，在壮族社会健康发展的过程中，人们思想观念发生巨大改变的结果。

一直以来，壮族人对于生老死葬极为重视。

壮族有句俗语，“天上雷公，地上舅公”，说明舅舅的权力很大。这种不成文的习俗至今仍然很突出。表现在舅舅对外甥的事，无论大小、红白喜事、分家、纠纷等都要过问。因此，凡是家里死了人，即由家人派一至二人，前往舅舅家报丧。他们站在桌边侍候，向舅舅下跪、敬酒、表示希望他们光顾并委托舅舅为死去的父母主持好葬礼。他们把舅舅看做是“母祖先”的得力助手，是自己血缘亲属的正统来源，姐妹及姐妹的子女与舅舅是同属一个氏族的范围，因而他们之间最亲，而妻子同丈夫，子女同父亲，则是分别在不同的两个氏族的结合，关系疏远得多，所以凡事最后还得听舅舅做主，这些正是母系氏族社会的一种遗存。

壮族人都希望把先人的葬礼办得隆重与庄严。

因此，壮族人为死者“买水”洗身，用棺椁入殓出葬，死者的手中、眼眶上、舌头下，都放上银币和铜钱，让逝者到阴间作买路钱，为逝者举行“送魂”的宗教仪式。

铜鼓声声响彻整个山寨，在葬礼上，特别是敲铜鼓的葬礼上，不管与葬礼主家是否有亲戚关系，也不管对方是否通知自己，只要得知消息，远近的人都可前往参加吊丧。人们的精神和行为都在对逝者的祭祀中变得亢奋，葬场上下充满了悲壮和肃穆的气氛。

参加送葬的人共同进餐，酒罐摆在酒桌的中间，根据所需随意用碗舀，男人们尽情畅饮。女人们坐在一边哭灵，歌词以逝者的事迹为内容，即兴编唱，是一个唤起回忆与悲情的场景。

在这样悲伤的夜晚，他们坐在火塘边赞颂着火的温暖，赞颂着逝者留下的美好记忆，吟唱一首首怀念亲人的祭歌，教育子孙后代不能数典忘祖。

从氏族部落社会开始，壮族先民就流行祖先崇拜，信仰鬼神，相信灵魂不灭和阴阳转世，认为人死而灵魂犹存。这使后人认为人死后将会同生前一样生活，为了死者，产生了一系列丧葬仪式。

坟墓是死者及其亡灵寄居的天堂。

壮族历史上曾流行过氏族丛葬、二次捡骨葬、崖洞葬等葬式。

在红水河流域考古学家发现了不少崖洞葬，它们给后人留下谜一样的历史话题。

崖洞葬又叫“悬棺葬”、“悬葬”或“崖墓”。

龙州响水镇的棉江花山，图强的岩来山、孙逐更山和上金乡龙山村雷山的那些悬崖峭壁，绝地 3000 尺，古藤攀荆棘。峭壁上的岩洞内，钟乳石多姿多彩，景致如仙境。岩洞中，现在仍然保存着许多那些年代的崖洞葬。由于各地的条件不同，一处悬棺葬中，入葬的灵柩有多有少。图强村舍坝屯的老人们说，在岩来山崖洞葬的葬所中，曾经有 30 副灵柩，是龙州几处崖洞中，入葬灵柩最多的一处。许多当地人把灵柩中的尸骨视如“仙骨”，而外地游人对于崖洞葬的起源、族属、流行年代和灵柩的升置方法等知之甚少。因此，龙州崖洞葬的葬俗，对于大多数人来说，至今还充满着神秘的色彩。

在龙州，崖洞葬一般都是捡骨二次葬制，棺材都比较短小，棺材的大小长短没有一定规格，但所有的棺材都是用整段圆木从中一剖为二，将上下两半刳空中间成槽状，上为棺盖，下为棺床，两端开有方形榫眼，两相扣合，在榫眼处加栅固定而成。有的上下棺木两端还有鸟啄扁木角装饰，颇为别致。这些棺材的木质极坚硬，属南方优质树格木、桡、楠木等。棺材的刳挖颇为精细，但留有不少刀痕斧迹。完整的棺材头部，上下两半各雕有仙鹤头，相对成弧圈形，仙鹤的眼睛清晰可辨，神态生动。棺材的尾部雕有扁状的鹤尾，图案较简单粗糙。这仙鹤装饰也许是表示木棺的主人要乘仙鹤升天。

唐宋时期，左江地区置羁縻左州，生活在左江流域的左人，是今天壮族的先民。《隋书·地理志》载：“左人……始死，置棺舍，邻里少年，各持弓箭，绕尸而歌……乃衣衾棺殓，送往山林，别为庐舍，安置棺柩。亦有于村侧瘗之，待二三十丧，总葬石窟。”左人“总葬石窟”，便是采用这种崖洞葬。按照考古学家的研究，古代的少数民族只有英雄勇士、部落首领一类人物，才能享有这种葬礼，以表示人们对死者的爱戴或敬畏。

《同正县志》对崇左县仙岩山崖洞葬有一段记载：“洞中搁小棺，参差数十具，其形如圆筒，分别而合成盖底，两头如竹梆有提……新旧堆垛，形俱一样……闻咸丰年间曾坠其盖。”清代尚见其盖有新旧，说明这种葬俗在清代仍继续流行。

究竟壮族先民是怎样把棺木抬上猿猴愁攀的悬崖峭壁呢？1989 年同济大学教授陆敬严和他的“中国悬棺研究”课题组提出的绳吊法，这一方法破解了壮族先民如何运用原始器械吊装崖墓悬棺进洞之谜。

具体操作步骤是由人从后山上到山顶，在山上固定原始的滑轮，将绳索绕过滑轮通到山下，山下由船载棺木到预定洞口下方，后用绳索将棺木吊入洞中。

这仅仅是一个技术性的问题。

重要的是人们不禁要问，壮族先民为什么要花那么大的力气把棺材吊上悬崖峭壁安葬呢？

这便是壮族先民有自身独特的对自然、神灵及祖先的认识观念。比先进民族的宗教情感更炽热，所尊之神也更普遍使然。

人活着时，凡胎浊骨，犹念念不忘通天通神；人死之后，为鬼为神，在古人看来，死人距离通天之径是大大靠近了。在山下，人们仰望一副副悬棺，仿佛看到，在生与死之间，距离似乎遥远，又近在咫尺。今人死了，亲人相伴在旁，沉重悲伤。在壮族人看来，死是现实世间一种生命的结束，而人们把死身高高置于山上，则是为死者做了最后一件善事，灵魂被送上了天，这时的死又以一种新的方式得到再生。

当人们看到了这原始的祭葬，看到了壮族同胞亲密和谐，如火塘的火圆圆融融地燃烧，人们就会心里有一股温暖的情怀——热爱自然，热爱生命。

第六节　从不同走向共同

一个个生命的生来死去，一个个族群分分合合，便是一个民族的发展历程。

从这种地缘关系上看，红水河畔的壮族先民百越族群与外界相互之间早有往来。当壮族先民西瓯、骆越人从氏族部落进入阶级社会、由蒙昧进入文明时代时，发生了秦瓯战争，秦始皇统一了岭南。自此，西瓯、骆越人地区纳入统一祖国的版图，独自发展的时代便结束了。

自秦统一岭南至民国时期两千多年的历史长河中，壮族先民是在统一国家的中央封建王朝治理下与汉族及其他少数民族杂处中生存发展的。在这个过程中，壮族先民社会是遵循着人类社会发展的共同规律而发展的。

壮族人口便是随着这些共同规律的变化而变动。

当年，秦始皇派兵进入岭南时，西瓯人与秦军大战，“杀尉屠睢，伏尸流血数十万”（《淮南子》卷十八《人间训》）。可见西瓯的人数相当多。秦军 50 万分 5 路进入岭南，史书没有记载这 5 路的兵力各路若干，如按平分兵力计算，秦军当以 10 万对付西瓯人。这 5 路大军中，其他 4 路大军进展顺利，唯独进入广西桂林附近的一支军队战斗激烈，投入的兵力自然要多一些，这支军队又是秦军主将尉屠睢率领，想必兵力也会多一些，因此，这一路秦军估计在 10 万人以上是不会过高的。那么，据人口学专家测算，西瓯人投入的兵力，若以 1 对 1 来计算，西瓯的军力也应有 10 多万人，此外，还有妇孺老人，以 1 个西瓯兵有 4～5 个家属计，西瓯人当有 50 万～60 万人。

关于骆越的人口，史籍没有精确的统计，“湘成，以南越桂林监闻汉兵破番禺，谕瓯骆兵四十余万降侯。”（《史记》卷二十《建元以来诸侯年表》），说明壮族先民人口不少。

到了唐代，壮族先民地区社会发生重大变化。唐代是我国封建经济繁荣的时期，国内外贸易活跃，壮族先民地区亦不例外。壮族先民地区的物产为中原人民及中央王朝所青睐，他们不断将北方的货物运来岭南，以交换壮族先民的物产；壮族先民内部的交易也日趋频繁；与西南地区人民的贸易往来也较前一时期增多。桂州当时有铸钱监，是目前所知的壮族先民地区最早的钱监，反映出当时商业贸易的发展情况。

五代时期，马殷抓住中原战乱，而岭南相对稳定的机遇，推动壮族先民地区的商业经济的发展。因为广西东部丘陵地带比西部石山地带，更易于开发，加上自全州、兴安、灵川，沿桂江至梧州折向浔江及其支流北流江，再下南流江或九州江出海是古代沟通中原、交往东南亚诸国的要道。

因此，唐代壮族先民的人口，从贞观十三年至天宝元年的103年间，人口总数增加了25万，但有些州的人口却减少了。唐代壮族先民人口的地理分布，与地理环境及各地的开发状况密切相关。

不同的族群，共同的历史。

在秦统一岭南以后，经两汉至唐与汉族融合了，桂东的瓯骆人后裔壮人则大约在明清时代大量与汉族相融合。民族融合是历史的必然。历史上的民族融合，有强迫融合行为，亦有自然融合现象。而未被同化的聚居于桂中、桂西南、滇东南及粤西的瓯骆人，随着朝代更迭，族称演变为乌浒、俚僚，至宋为僮（壮）。壮族也只是瓯骆人后裔的一支。

壮族的形成大抵孕育于唐代，形成于宋代。唐朝中叶黄乾曜、黄少卿、潘长安等领导西原僚人起义，是僚人部落联盟为一个共同的政治目标而斗争的表现，可以看作民族认同的孕育期。但“僮”的称谓出现于宋，北宋间侬智高联合左、右江壮族各首领南抗交趾的吞并，北反宋廷压迫，企求建立地方民族统一政权，这就是部落联盟、民族认同、壮族形成的标志。

自明末清初，汉族人以前所未有的规模和速度大量移居壮族地区，并在壮族地区繁衍生息，人数为之大增。据近人刘锡蕃估计，广西现代汉人大约有80%是明清两代从外省迁来的。原因之一是壮族地区的改土归流逐渐完成。朝廷派流官取代了独霸一方的土司统治，汉族人因而能自由进出壮族地区；原因之二是清代壮汉民族关系较为缓和，尤其近代以后，壮汉两族和其他少数民族有联合反帝反封建斗争的经历，增进了民族间的了解；原因之三是壮族地区经过历史上长期的开拓，已逐渐改变了过去的“烟瘴燠区”的恶劣的生态环境。因此，吸引了一拨又一拨的汉族人前来垦荒、淘金。这些进入广西的汉族人，以广东、湖南籍最多，江西、四川、福建次之。清代广西不少壮族地区建有粤东会馆、江西会馆等同乡联谊组织。乾隆五十六年（公元1791年）桂平县《创建粤东会馆序》中所称：“吾乡（指广东）之来游粤西者，不但桂平也，即左、右两江，所至辄有乡人。”史学家认为，外地商人、农民、流民等进入广西经商、谋生、定居的时间，当以镇安改土归流及莲花九商路开凿为分界点。

镇安（今广西德保）是由广西进入云南的一条近道，与越南有着漫长的边境国界。改土归流及商路开凿以前，来镇安者不多。康熙二十三年（公元1684年）莲花九山路开凿后，行人往来日众。镇安地接越南，为西南要地，边贸历来已久，吸引了外地流民和精明的商人来此要塞经商谋生，其中一些人干脆就在当地落籍，娶当地子女为妻。赵翼于乾隆三十一年（公元1766年）到镇安为官时，他注意到这一现象。他说：“粤东贾此者多娶妇立家。”这些来镇安经商并落户的汉族人，因与当地少数民族通婚，共同生活，逐渐成为了壮化的汉人，他们的后裔则多同化成壮族。

从不同走向共同，民族间的交往加快了民族融合的进程，民族融合的实质为文化的融合。

汉人入境带来先进的生产技术与文化，再加上朝廷的提倡与地方汉族统治者的教化之功，清朝尤其在改土归流后，镇安府民族融合的速度大大加快。学校、书院相继设立。富裕之家的子弟受到汉文化的教育，并参加科举考试。乾隆五十九年（公元1794年），镇安知府汪为霖在《重建秀阳书院碑记》中称赞道：“目睹郡之人，向慕圣贤，课资典籍及四时行部，梯山栈谷，所见耕牧之场，往往带经而锄，挂史于角，大有汉唐间人读书气象。”“带经而锄，挂史于角”的说法未免有夸张色彩，但也可在一定程度说明汉文化在当地深入人心，并得到一定程度的推广。

民国时期，统治当局把壮族类同于汉族或附会于汉族。实际上壮族不仅客观存在，而且人数众多。它主要分布于广西西部和西北部，云南的东南部，贵州的东南部，广东的西南和西北部，湖南的南部。四川东南部一些地方也有些壮族，是清初和太平天国时期迁入的。陕西省有壮族村落，自称其先祖为太平天国陈得才的部众，入陕兵败而落籍繁衍。

民国间，壮族分布在广西、云南各地的各个支系各有自称，如壮、土、侬、沙、俍、板、佯、锐、偏、傣、敏、伶等凡数十种，都冠以“布”字。在粤、黔、湘各省均有其散居区。广西的红水河和柳江流域，左、右江流域，是壮族最大聚居区。郁江以东广大区域，由于清中叶以后汉人的大量渗入，壮人逐步减少成为壮、汉杂居区。

自称“布土”者，主要分布于左江、右江、邕江、郁江流域。云南亦有土人，称土僚。“土人即壮人”。

“俍人”亦称俍民、俍家，明清时期主要分布在广西左右江、红水河、郁江、浔江、桂江和广东的西江上游。民国时刘锡藩《岭表纪蛮》云：“狼，獞族之支派也。”民国时期的“俍人”已归入壮人、土人或同化于汉人，所谓“俍人”仅具其名。

“侬人”又称侬家、龙家，主要分布在广西左、右江上游及与越南相邻各县，桂西北红水河流域亦有自称侬人者。云南的侬人主要居住在富宁、广南、文山等地，元江、个旧等地也有一些侬人散居。在贵州西南的册亨、安龙、兴义、贞丰等地和其他如安顺、普定、黔西、威宁等地，也有侬人分布。“族，獞人之系派也，其音与獞语通。”（刘

锡藩：《岭表纪蛮》)

“沙人”自称“布雅依”，主要分布于云南的广南、富宁两地，文山、砚山、邱北、泸西、罗平、师宗、蒙自也有沙人。沙人与壮人、侬人“亦獞类也，俗同侬人”。(刘锡藩：《岭表纪蛮》)

弄人主要分布于广西的河池、百色、南丹等地区。多住于深山场之中，故称“弄人”，语言上与壮人、侬人、土人相通。

傣人，主要分布在广西龙州西北的金龙峒，与侬人相邻而居，“衣不同，习相近”。其所以称傣，皆因其语言与傣族同属壮侗语族壮傣语支。偏人的风俗习惯与土人相似，民国时期主要分布在当时属防城县板人、峒中一带。可见，民国时期壮族的分布与历史上壮族分布有密切关系。桂东地区壮、汉杂居，许多壮人已同化融合于汉族，在明清时期即已逐步形成此种局面。

民国时期，分布在广西的壮族人口数量最多，其次为滇、粤、黔、湘 4 个省。壮族或归于汉族，或归于苗瑶，籍地与民族不相符者在所多有。专家们说，民国时期壮族人口数量，也只能推算出近乎实际的概数而已。

据史籍载，清中叶广西西部的南宁、太平、泗城、百色、镇安、思明、思恩、庆远、柳州等府（厅），壮族人口约占该地区总人口数的 70％～80％；桂东北的浔州、梧州、平乐、桂林等府地约占 10％～20％。总合广西全省，壮族人口约占全省总人口的 45％，其他如瑶、苗、侗、仫佬、毛南、彝、仡佬、京、水、回等族约占 50％，汉族约占 5％。

不同的民族在相互交流与融合中发展，壮人汉化、汉人壮化成为历史上的一个有趣的现象。其中的一些壮人已并非纯正的壮族血统。从当今德保的民族状况看，汉人壮化占了历史的主流。如今德保县 18 个乡镇均有壮族居住。1990 年，壮族人口占全县总人口的 97.69％，是第一大少数民族。从光绪年《镇安府志》与当代《德保县志》的对比看，民族构成确实发生了很大的变化。

就像大山一样，什么类型的山都叫山。而这一慢慢形成又共同认可、共同发展的历史，形成了共同的心理素质，“壮”，最后便是他们的名字。

根据历次人口普查资料，壮族是我国人口最多的少数民族。1953年全国壮族人口仅有686万人，占全国人口的1.19%，占少数民族人口的18.20%。2000年时，人口增长到1618万人；2010年，根据最新的人口普查资料，全国壮族人口达到1693万人，占全国人口的1.27%。

壮族人口的增长经历了由快到慢的转变过程，1953～1964年，壮族人口年均增长速度为1.84%，高于汉族（1.67%）和全国少数民族人口（1.20%）的年均增长速度。1964～1982年，壮族人口持续增长，年均增长速度为1.68%，高于全国人口年均增长速度0.34个百分点。1982～1990年，壮族人口依然保持着增长的势头，年均增长速度达到1.90%，尽管这一时期壮族人口的年均增长速度仍高于全国年均增长速度0.4个百分点，但已低于全国少数民族3.90%的年均增长速度。1990～2000年，由于计划生育工作的深入推广，壮族人口增长速度减缓，年均增长速度仅为0.39%，低于全国（0.95%）和少数民族人口（1.43%）的年均增长速度。2000～2010年，壮族人口依然保持着缓慢增长的趋势，年均增长速度略有提升，达到0.45%。

壮族在落实国家人口计划生育政策的过程中作出了巨大贡献。1985年，广西壮族自治区人民政府《关于贯彻执行国家计划生育政策的若干规定》中明确壮族的生育政策：一对夫妇只生育一个，严格控制二胎、坚决杜绝多胎。居住在地广人稀、劳动力缺乏、交通不便、医疗条件差的壮族地区的农民，在本县人口指标允许的情况下，可以有计划地安排生育第二个孩子。广大壮族同胞以国家利益为重，执行与汉族一样的计划生育政策，为树立新的婚育观念和建设先进生育文化树立了中国少数民族的风范。观念的改变，促进经济的发展、收入水平的提高。从1990年到2000年的10年期间，壮族人口的平均预期寿命有了明显的提高。1990年，壮族人口的平均预期寿命为68.50岁。其中，男性为66.92岁，女性为69.92岁。2000年，壮族人口的平均预期寿命上升到了71.94岁，男性为69.30岁，女性为74.61岁。10年间，壮族人口的平均预期寿命提高了3.44岁。

从1982年到2010年，壮族人口的年龄结构在逐渐转变，老龄化程度在不断增加。1982年，壮族0～14岁组的人口比重达到38.86%，1990年为33.64%，2000年为24.43%，到2010年，0～14岁组的人口比重进一步降至20.27%。相反，壮族65岁及以上人口的比重在逐渐增加，从1982年的4.92%，增加到1990年的5.19%，2000年为6.79%，到2010年又进一步上升到8.77%，已经步入老龄化阶段。

但与全国人口相比，壮族的人口类型相对年轻。2010年，壮族0～14岁组的人口比重为20.27%，高于16.61%的全国水平；壮族65岁及以上人口比重为8.77%，略低于8.92%的全国水平。

1982～2010年，壮族0岁人口的性别比表现出不断上升的趋势。1982年，壮族0岁人口性别比为105.80，1990年为115.36，2000年达到122.51。到2010年，0岁人口性别比略有下降，为121.40，但0岁性别比仍在120以上的高位徘徊。

壮族在全国的31个省、自治区、直辖市中均有分布，主要分布在我国南部省、市和自治区，东北和西北地区分布较少。壮族人口聚居最多的是广西壮族自治区。1982年，广西壮族人口共有1232.40万人，占壮族人口总数的92.09%，其次是云南、广东、贵州和湖南四省。2000年，广西壮族自治区的壮族人口达1 420.71万人，其次是云南省（114.40万人）和广东（57.02万人）。由于经济发展速度不同，这三个省、区的壮族人口增长速度各不相同。1982～2000年，广西的壮族人口由1232.40万人增至1420.71万人，增长了15.28%，年均增长速度为0.79%；云南省的壮族人口由89.44万人增至114.40万人，增长了27.91%，年均增长速度为1.38%；广东省的壮族人口由8.65万人增至57.02万人，增长最为迅速，年均增长速度为11.05%。2000～2010年，三省、区的壮族人口增长速度减缓，广西的壮族人口增至1444.84万人，年均增长速度为0.17%；云南省的壮族人口为121.53万人，年均增长速度为0.61%；广东省的壮族人口增至87.75万人，年均增长速度为4.41%。到2010年，壮族人口分布最多的五个省、区依次为广西（1444.84万人）、云南（121.53万人）、广东（87.75万人）、浙江（7.28万人）和贵州（5.26万人），分别占壮族总人口的85.36%，7.18%，5.18%，0.43%和0.31%。

壮族在自己古老的土地上繁衍生息，顽强奋斗。他们的物质与精神的创造成果以自己的文化思维陈列在自然中，成了可触可赏的立体景观。他们的生产和生活方式，莫不依山依水依自然之势而构筑成了具有审美价值的特色景观。他们的服饰、节日、婚嫁盛典、礼仪习俗、耕牧方式、饮宴组合、音乐歌舞乃至文字经典、宗教信仰……更是延伸不断的文化风景带。

第四章

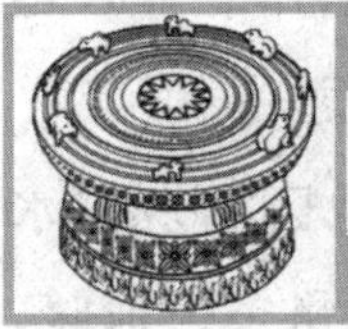

穿越中的灵光

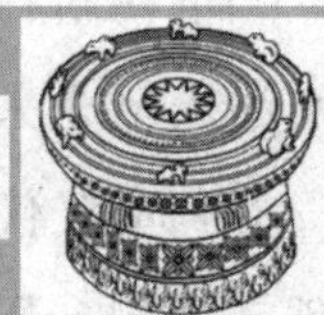

第一节　荔红蔗甜稻花香

稻作文化是壮乡的农耕文明。

壮族村寨，总选择在有山有水的某个地方。

山是自然生成的存在；水多是一条流水汩汩的小河。它围绕着村落，从村落的一个方向流向远方。在这幽静闲适的山村，林木成片，果树间长，这叫风水林，庇护村宅，荫及百姓。稻花开了，荔枝熟了，甘蔗甜了，山村的空气浓淡相宜，湿润流畅，溢入鼻息，清晰着心眼之外的憧憬。

田野是壮乡美丽的风景。

春雨正下，春风在拂，燕子回来，村村寨寨浸润在新一轮的遥望中。

毫无疑问，壮族人对水田有一种与生俱来的依赖和情感。这种依赖和情感，是来自祖先的承传，骨子里的热爱。在壮话里，田就读作“那”。不知是有意还是无意，壮族人喜欢用“那”来给道路、村庄、乡镇、圩场、田块等地方命名。在中国的壮族地区，冠以“那”字，如“那马”、“那蒙”、“那坡”的地名到处可见。

“那”是一片田，是稻作文明的历史标志和印记，是壮族地区的一道文化景观，是壮族人心中的神。

早在新石器时代，位于红水河的上游一带就出现了稻作农业，红水河流域是人类将野稻种驯化为工人栽培稻种较早的地区之一。

到了汉代，水稻种植已经很普遍了。宋代，在钦州地区出现了水稻三熟制。周去非《岭外代答·花木门·禾苗》载：“钦州……地暖，故无月不种，无月不收，正、二月种者曰早禾，至四月、五月收；三月、四月种曰晚早禾，至六、七月收；五月、六月种曰早晚禾，至八月、九月收……”明代，壮族地区又出现了水稻二熟制。而水稻的耕种，则采用牛拉犁的耕作方法，并有与之配套的耙耕。水稻收割后，为了防潮，壮族人又发明了仓底悬空于地面的干栏式粮仓。

壮族人就是这样一步一步地从原始的农耕文明走向现代农业文明的。

田块是水稻种植的基本条件。壮语把田块叫做“那”，红水河流域尚存有无数的以“那”命名的古老地名，一些地方的壮族人还自称为“布那”，意思为“种田的人”，从这就可以看出壮乡的稻作文化是何等的悠久、何等的丰厚。

稻米在当今世界人民生活中的地位十分重要，它在三大粮食作物中比重最大。美国期刊《读者文摘》1987 年 11 月期有篇文章说道：“以大米为主食的人，几乎占全世界人口的半数。”水稻在其发展和传播过程中，在世界各地形成了地区的稻作文化，稻作文化是整个人类文明的重要组成部分，它促进了人类历史的发展。

20 世纪 80 年代以前，红水河流域的壮族绝大多数的居民，都是以种植水稻为家庭的主要经济生活来源，过着一种“以那为衣，以那为食，以那为住，以那为乐”、“饭稻羹鱼式”的生活。

壮族人传统上以耕作为主。一年到头，全家老少，全都扑到自家的水田里去。种田是他们生活的主体，水田的庄稼是他们的希望。

春天来了，过了惊蛰，便把自家的田放水犁地，把田埂修理得整整齐齐，犁好的田地水面光亮光亮的，如镜。很快，秧苗一行一行地插了上去，水田就多了一撮一撮稀疏而整齐的绿。再过一两个月，如镜的水面不见了，全是绿绿的茂密的禾苗。又过了一两个月，禾苗长穗了，叶子变黄了。到了仲夏，稻谷全黄了，农人一收割，田野就一下子变得光秃秃的，农人就放出了很多的鸭群，让它们自由自在地在田里找落下的谷穗吃。

壮族人真的能把田当做命根子。

他们也有旱地。他们可以种上荔枝、甘蔗、柑橘等亚热带作物，还可以养殖鸡、鸭、鱼等由稻作文明衍生出来的副食品。壮乡素来享有“天然温室”和“大菜园”、“大果园”之称。

壮乡的村寨，有许多挂满果实的园子。那是一个个绿色的果园。红的是荔枝，黄的是龙眼，青的是香蕉，芒果有黄芒果、红芒果，果的花、叶和果实犹如广西锦绣，美不胜收。

乡村里几乎每一条小路的入口，都会通向一个令人意想不到的果园，一个星星般明亮的境界。就是一条被青草半掩的田埂，带你走进一个瓜果飘香的福地。果园里的每棵果树都很卖力：千方百计地伸展枝叶、吸收养分，千方百计地开花挂果、吐出芬芳。早晨，太阳从果园的枝丫上升起，把果园照得金光一片，一直照到种果人的心里，给壮族人一种看得见的希望。

“日啖荔枝三百颗，不辞长作岭南人。”荔枝是果中之王，钦州荔枝是王中之王，有“岭南佳果”之美称。其果型之艳丽、实大，肉质之细嫩、饱满，果汁之清香而甜蜜，在国内外享有很好的口碑。壮乡荔枝的种植面积十分宽广。品种优良丰富竟达 30 多个，有早熟、中熟、迟熟的荔枝品种之分。早熟有白蜡、白糖罂、三月红等；中熟有黑叶荔、妃子笑、钦州红荔等；迟熟有桂味、禾荔、灵山香荔等。成为中国荔枝绿色食品的生产基地。

灵山荔枝的栽培历史悠久。最古老的荔枝树位于灵山县新圩塘坡村，树干直径约 6 米。据果树研究专家考证，这棵古老的荔枝树已经有 1400 年以上的树龄了，仍开花结果。它华盖般的树冠常常令人想入非非，它见证过的人事，它火红的果实作为贡品到达皇宫的过程：那是一个只有三匹马的驿站，驿站其中一二匹马驮着满满的几筐灵山荔枝，飞向京城的方向。

蔗　田

壮族地区是我国当代最大的产糖基地。早在 2000 多年前，壮族先民就开始以甘蔗制糖。杨孚所著的《异物志》中的“石蜜”，就是岭南居民用甘蔗汁制作的糖。壮族地区是我国甘蔗的发源地之一，壮族人自古至今一直种植甘蔗，早在宋代，壮乡就已经是中国的甘蔗主产区。广西壮族自治区成立后，广西不断开拓新蔗区。今天甘蔗种植面积已经超过 92 万公顷，年产糖量位居全国第一，占全国糖产量的 60%以上，这就是说，人们嘴里吃的 10 颗糖，就有 6 颗是用广西的蔗糖生产的。如今，在巩固蔗糖这个支柱产业的同时，广西正在发展甘蔗的循环经济，深加工蔗糖副产品蔗渣、糖蜜和滤泥，形成“甘蔗—制糖—蔗渣制浆造纸”工业产业链和“蔗叶—水牛—食用菌”循环利用模式，拉长蔗糖产业链，构建以蔗糖业为龙头，养牛业为纽带，引领食用菌业、乳品业、肉品加工业、饲料业等多个产业共同发展的产业格局。愿景可期，触手可及。骄傲的壮族人从此可以深情地咏唱艾青的名篇：南方的甘蔗林哪，你为什么这样香甜？那随风摆动的长叶啊，也一样地鸣奏嘹亮的琴音。

每当人们踏上壮乡的路，看到村边一棵棵火红的荔枝树，看到一片片甘蔗林，微风吹来，那故乡般香甜的味道，还有那深绿油亮的稻田随风起舞，那湿润清新的空气扑面而来，让人感到无比的惬意。

田地是壮族的永恒。一些没有到过壮乡的人也许认为，壮乡是一个依然农耕落后的地方，其实田野是一个产生文明的地方。这里的壮族人的生活谈不上十分富足，但在享受上天的赠予，在暖洋洋的太阳下，过着一种扎实而悠闲的日子。

人类创造的文化，是适应特定的自然生存条件的产物。千姿百态的壮族文化，从一开始便被打上自然生态的印记，文化作为人与自然的中介，协调着二者的关系和平衡。原始文化和人文文化阶段都经过以神灵和宗教为准则的人与自然生态和谐平衡的过程，对神灵（天、地、水、山、树林等）的崇拜成了人与自然之间的契约和相互关系的准则。这一质朴的天地观导致壮族原始文化中形成了具有强烈的归顺自然、顺应自然的观念，这一观念的主流发展，形成了壮族天地人相亲和依存的生态观，表现出自然崇拜、自然禁忌为主干的一系列习惯、村规民约为外在形式的特征。这些独特的生态观与他们的生计方式如水田耕作、旱地轮作、畜牧养殖等相适应，从人与自然和谐发展的角度发挥了功能。

壮族老人常常这样说：“有了天，才有了地；有了地，才有了森林；有了森林才有水，有了水才有田，有了田才有人。”可以说，壮乡正是由于处在较为合理的生态观支配的状态，森林植被和土地资源、物种资源才能保持着千万年来的面貌。

壮族的稻作农耕，或者，有许多东西可以保持，因为我们从中可以看到一个民族的深层情感，爱与善，淳厚与朴素，乡情与亲情等。这正是“那”情结与壮族人根性的存在，壮族的自信、壮族独特的生命方式和情感方式才能够有永恒的生命力。

因为“那”，一个朴实的生命，厚德载民，奠定辉煌的农耕文明，培育民族的基因；一个绿色的生命，根植土地，收获本真的生命价值，承载和谐城乡的向往。今日壮乡，朴素、自足、神奇的这一方土地，在榛林沃野、皎皎云团之下，眺望淡淡的蔚蓝，袅袅飘忽，依旧弥散着诱人的米香……

第二节　开卷启明

古代岭南，百越境界，峰峦纵横，是山高皇帝远的地方。本来，这里的古骆越先民，一代接一代地与老天爷较量，也没能分出个输赢。但百越部落不同，由于灵渠勾通湘桂之后交通之便，因而也就更早、更容易与当时已经灿烂辉煌的中原文化产生紧密的联系。可以说，当今广西最早因中原文化的大规模、大范围南下而得以开启民智，并在开卷有益中深受其惠，明了世界。典型的直接佐证之一是，广西的讲学之风盛行。

两千多年来，无论是太平盛世还是战乱年代，一直不断有大批中原民众往壮乡迁移，其中包括了不少因改朝换代，逃避追杀、一路南奔而来的前朝皇室宗族，以及高官权贵和富绅，还有相当一部分学人名士，使得每个朝代的时尚都能很快地在壮乡深深扎根并普之于民众。

历史有时候很滑稽，在所有用拳头来说话的年代和地区，文明的传播往往是以血腥的战争形式作为开场白。司马迁在《史记》中记载，

秦始皇"谪徙民五十万戍之"。这是些什么人呢？《史记》中称为"逋亡人"、"赘婿"和"贾人"；也就是有罪逃亡的人，包括不肯臣服于秦帝国的燕、赵、齐、楚、魏、韩等六国的王公大臣及其所代表的利益集团成员；还有不堪秦国严刑律法而试图有所不服的人；另外就是入赘女方家的男人和典身给富豪、过期未赎却还未沦落为奴隶的人；还有一类就是商人。把这些人发配到百越烟瘴之地来吃吃苦头，一来可以除却胸中那口气，二来也有利于朝廷对疆土的掌控，这大概是秦始皇的本意。

这就是说，秦始皇用大军将这些人押解到岭南征战戍边，原本不是搞什么"文化传播"，而是要把他认为有可能会危害大秦统治的各色人等统统赶得远远的。当然这一批人肯定是鱼龙混杂的。但不可否认的是，这批不为朝廷中意的人中也有为数不少的权贵和儒雅人士，他们头脑中的智慧和肚子里的学问，并不会因为他们远离故土而丧失殆尽，总要寻找合适的机会来落地生根并发扬光大。这些人来到岭南后，不仅在人数上改变了原先越人一统天下的局面，在文明程度上又比壮族先民要高出很多，中原文化在与原住民的古朴风尚相互融合的过程中，找到了自己最合适的生存时空。从语言到习俗，从礼仪到思维，再延续到为人处世，林林总总，包罗万象，并从此萌芽，最终创造出中华民族中的一个血脉相连、不可分割的重要组成部分——百越文化。

这个结果，当然是秦始皇当初所始料不到的。从秦朝到后来这段漫长的岁月，汉族移民一波又一波不断地给壮乡注入中原文化。从中原到岭南的这条长长的古驿道上，风尘仆仆走来的躲避战乱的大队难民中，时常见到世家大族夹杂于其中。战乱并不能彻底消磨心怀天下的信念，相反那种读书人的儒雅在风尘中会更显其超凡而出众的智量。不独如此，还有更多的处士、名士、经学家，也是这些南迁队伍中的成员，他们各自都有众多的门生弟子相随左右，不仅以言论或著书立说来捍卫老师的理论，更以终身相伴来与老师共患难。他们来到壮乡后，一俟生活些许安定，所需要做的头等大事，就是大兴公学、私学，广开书院，穷经皓首，撰著黄籍，多收门徒，以收广开民智之效。

这种迫切地要传播自己理念的行为，源之于中国读书人与生俱来的文化传统。春秋战国时期，诸子百家的各种治国理想和方略大放异彩，是中国思想文化史上第一次真正意义上的百花齐放，而以孔子为代表的儒家思想中的“修身、齐家、治国、平天下”的理想也已日渐成为中国读书人信奉的人生不同阶段的奋斗目标。既然“达则兼济天下，穷则独善其身”已成为天下共识，那么在当时的岭南以读书自娱，于山水间感怀身世，与门生弟子坐而论道，并将经世致用的理念铺陈为篇，藏之于山水，留传后世，称得上是合情合理也顺势而为的一种人生选择。那时起，壮乡就开始产生了陈钦、陈元、士燮等经学家、文化名流，越人中出现了汉文造诣较高的长史和高才，如居翁、宁长真、宁原悌、冼氏夫人、冯盎等教育家和史学家。

唐代官学教育的发达，对壮族先民影响很大。壮族地区在各府县凡设正州、正县的地方都先后办起学校，出现了一批热心发展教育的著名人物。

李昌夔，陇西人，大历八年（公元 773 年）九月任桂州刺史，桂管防御观察使，在岭南地区任职 9 年之久。他积极推行唐“尊崇儒学，兼重佛道”的文教政策，到任后 3 年，便兴建桂林第一间学校——桂州学，地址在独秀山下。据《独秀山新开石室》记载：“大历中，御史中丞陇西公李昌夔保降南服，三年政成，考宣尼庙于山下，设东西庠以居胄子，备俎豆仪以亲释菜，虽峻址可寻，而丛薄未剪……”之所以建学于此，是因为这里曾是南朝宋人颜延之读书室旧址。除兴建桂州学外，李昌夔还动员地方士绅开办了九所公私塾馆。当然能入塾馆的学生自然也还是些贵族子弟，但壮族先民的封建化正是从这里开始的。

同时，李昌夔在虞山修建舜庙，立建庙碑刻，碑文是唐代著名文学家韩愈的叔父韩云卿所撰，颂“以庙明德”，以教化人，听从唐王朝的统治。李昌夔的教育活动，推动壮族地区封建教化，客观上是有利于壮族地区文化教育事业的发展。

唐代著名思想家、文学家柳宗元，在永贞改革失败后，被贬为永州（今湖南零陵）司马，元和十年（公元 815 年），再自徙柳州刺史，4 年后，死于柳州。柳宗元在柳州任职期间，热心社会改革，为当地做了不少有益的善事。在发展壮族地区教育事业上，更是功劳不小。柳宗元在哲学上，有《天说》、《天对》等重要论著，他认为“元气”是物质的客观存在，根本否认在“元气”之上还有最高的主宰。他提出天地、元气、阴阳不能“赏功而罚祸”，打击了当时流行的因果报应思想。柳宗元主张教育人要顺从天性，但学生学习要不断努力。他还把师道看得特别重，意在严格标师，要避师之名，而求师之实；学习上，他反对记诵章句，整天埋头在书本上，要“有所拘”，也要“有所纵”，紧张之后应有适当的休息，避免疲劳、废乱，可以及时思考一些问题。

因而，柳宗元在柳州期间，在文化教育事业上非常热心。他刚到柳州任所两个月，孔子庙崩坏，柳宗元马上兴工修复完好。这是文化教育上一件带有根本性的大事。因为尊孔是“教”的集中表现，唐代的教育实质是儒学教育，孔子是儒学的祖师爷，修葺孔庙就体现出官府的提倡所在。柳宗元兴复学校，推广教化。清乾隆二十九年《柳州府志》卷三十二记载：“府学创自唐初，元和间刺史柳宗元重修有记。”还说：“柳州府本百粤之地，爰自秦汉始入版籍。民知有冠裳之制，然犹不知学也。自唐柳子厚出守是邦，一振文教，翕然向风，骎骎然有诗礼乐，泽大中祥符之间。”大中祥符是北宋真宗时的年号，这反映柳宗元在柳州办学对后世的影响。《马平县志》也有记载：“自柳侯守是邦，建学宫，崇圣教，稍稍诱以经术，悟以文章，而乔野朴陋之风一变。”

柳宗元为壮族地区培养了一批学人，对当地文风的开拓，其功可谓大矣。学子们不仅学柳宗元的文辞，还学习他的书法。唐人赵璘作的《因话录》记述：“柳柳州书，后生多师效，尤长于章草，为时所宝，湖湘以南，童稚悉学其书。”可见，柳宗元对文化的教育所作的努力及其影响之巨大。柳宗元在柳州的建树，赢得了壮族人民的追思和景仰。

这样的背景下，壮乡办学之风渐兴，宋代授学昌盛，到明清时，壮乡的私塾已经遍地开花，以敷文、武南为代表的各种书院更在壮族地区盛名久负。

今壮族人引以为自豪的，是历史上先后出过两个位及人臣者——宁原悌和姜公辅，还有才气纵横名垂后世的冯敏昌，广西人说起他们，依然是满脸的崇敬和骄傲。

宁原悌是广西钦州史上的第一进士。唐永昌元年，高中进士后的宁原悌从“天涯海角”的钦州起程进京做官，任职达30多年，官至谏议大夫兼修国史，为朝野倾仰。随后80年不到的时间，钦州又出了第二进士——姜元辅（史称姜公辅），姜公辅进京做官，官至同中书门下平章事——摄宰相职务。这时，宋已替唐，宁氏的两个后代再次相继考取进士，成为钦州史上光华夺目的人文之花。宁原悌、姜公辅的事迹后来还写进了《新唐书》、《旧唐书》和《资治通鉴》，成为对钦州后人极有影响的人物。

生于书香门第的冯敏昌（1747～1806年），钦州大寺镇马岗村人，世居钦州。他9岁读完“四书”、“五经”，登钦州文笔峰时赋五律一首，惊四座；12岁中秀才；19岁被京都内阁翁方纲誉为“南海明珠”；24岁中举人，被上海文魁陆耳山视为“天下奇才”；32岁中进士。曾任翰林院编修，钦点会试同考官。后调入户部浙江司主事，再调刑部

河南司主事，诰授奉政府大夫。先后主讲河南河阳书院，广东端溪、粤秀、越华书院。他在 40～45 岁时曾遍游锦绣中华的五岳，足迹遍布半个中华；还以罕有的勇气登临泰山和华山的险绝处题字，题字的下端，就是飞瀑流泉。远远的，人们就可以感到他的书法对于人心的震撼力。

冯敏昌一生泛涉书史，嗜金石。史籍称他首先是一个为官清正、为民办实事的好官，然后才是一个治学严谨、管理有方的教育学家、方志学家、书画家。其平生喜藏名家书法，并把它摹刻成《寿石轩贴》，供后人学而习之。其独特的"鱼山执笔法"深得书法神韵，有儒者之风、书卷之气，内刚外柔，温文尔雅，是为神品。流传最广的是"福"、"寿"、"魁"、"鹅"四个墨迹飘香的大字，其雄健浑厚的笔力，奇特传神的笔锋达到惊人的程度。难怪，他的书画当时就被视为墨宝。中国历史博物馆今藏冯敏昌临古代名帖草书轴，非常珍贵。

冯敏昌一生著作丰厚，诗文挥洒自如，通天接地，动人动心。主要有《小罗浮草堂诗集》四十卷、《小罗浮草堂文集》九卷、《华山小志》六卷、《河阳金石录》、《河南孟县志》、《广东通志》、《师友渊源集》、《笃志堂试帖》等。内容涉猎政治、经济、军事、文化、教育、伦理道德等，类别有游记、传记、文序、奏疏等，还有金石、碑刻和题书，思想和艺术性都很高，是古代壮族文人留下著作最多、成就最大的一个。

宁原悌、姜元辅、冯敏昌都是壮族教育史上的重要人物。宁原悌官至谏议大夫兼修国史，姜元辅位及宰相，冯敏昌留下的诗篇就多达 2200 多首，他们一样的才思敏捷，一样的出类拔萃，一样的卓尔不群，一样的成就斐然……壮族的教育史上倘没有他们，该是多么黯然失色。

清朝时，仅仅在钦州先后有回澜、东坡、钦江、养正、鸿飞、成美、仁文、绥丰、铜鱼、鱼山、云梯、文海、育才、兴让等14个书院。唐至清共出贡生191人，举人72人，进士14人。这么多的人才，是钦州努力推行教育，开卷启明的结果。这些成果，给钦州带来辉煌的历史，带来五光十色的文化宝藏。

清代从康熙起“文风渐盛”，壮族地区各类学校纷纷设立。清人基本沿袭明代旧制，在各地设置府、州、县学。不同之处是在改土归流地区还增设了厅学。至1920年，新的小学校乃至大专院校开始出现在邕江河畔，一代教育大家，马君武、雷沛鸿，在20世纪二三十年代以国民基础教育和中学教育的普及把壮乡教育又推向一个高潮。

壮乡教育进入连贯性发展轨道，是在1949年以后，基本配套的小学到大学体系建设，让广西真正成了民族地区教育的一个完整窗口。各级政府帮助壮族创造文字，在壮族地区开展的双语教学，在农村扫盲、科技推广、电视广播等领域发挥了重要作用。党和国家十分重视壮族地区教育事业的发展，投入了大量的资金，在政策上给予扶持，壮族人口的文化素质有了较快的提高。1982～2005年，壮族人口的文化程度有了较大的提高，拥有大学（含大专）及以上文化程度的占壮族总人口的比例逐渐上升，文盲所占的比例逐渐减小。1982年，壮族人口中具有大学（含大专）及以上文化程度的只有1.52万人，占总人数的占0.23%；到2000年，全国壮族已经拥有大学（含大专）生30.40万人，占壮族总人口的1.87%，2005年，这一比例进一步提高到了3.09%。

壮族文盲人口所占的比例也在逐步降低，15岁及以上的文盲人数由1982的274.39万降低到2000年的83.46万人，文盲人数占15岁以上人口的比重由1982年的33.75%下降到2000年的6.83%。随着九年义务教育的深入开展，具有初中文化程度的人数逐渐增多。

当壮乡和整个世界一起推开新世纪的大门时，这个窗口，已经色

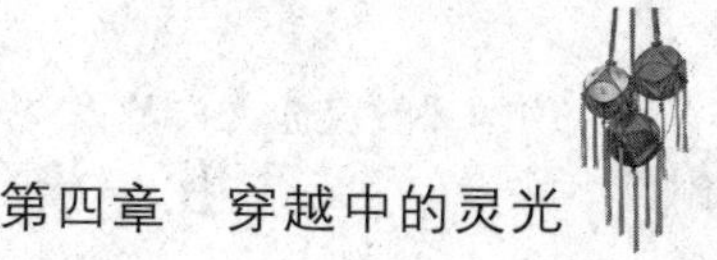

彩斑斓。从学校布局看，实现了壮族地区每个行政村都有完小，边远村屯有教学点，每个乡镇至少有一所初中，县城和人口超过 3 万人的乡镇有初中若干所，满足了适龄儿童少年接受义务教育的需要。每个县至少有一所普通高中和一所中等职业技术学校。壮族学生高等教育入学率达 16%，开始进入高等教育大众化发展阶段。更早的幼儿启蒙、更均衡和优化的义务教育与高中教育、更规模化和终身化的职业教育与成人教育以及更大众化的高等教育，构成了现代壮乡教育多层次、多形式、学科门类齐全的成熟框架，促进了壮族人口文化结构的高水平变化。这朗朗的读书声正在吟唱着一段流淌阳光音质的青春和声。

广西民族大学

第三节 神奇的百草与银针

汽车从广西壮族自治区首府南宁市出发，向西南方向驶去，大约两个小时，便驶入了两边尽是高山耸立的公路，从车窗望出，山上山下，溪边崖畔，尽是郁郁葱葱的森林，一蓬蓬、一簇簇的金花茶热烈地争相竞放。

当年，日本著名植物学家津山尚为寻找黄色的山茶花穷尽毕生精力，足迹踏遍印支半岛，寻找金花茶的芳踪，惊遇豺狼、空手而归，失望之余写下《幻想的黄色茶花历险记》。已故日本茶花专家池田金八先生，把生前未能一睹黄色山茶花的姿容，引为憾事。

1965 年中国著名植物学家胡先骕将这种黄色的茶花命名为金花茶。

金花茶

金花茶的发现轰动了植物界，其花蜡质金黄、金瓣玉蕊、晶莹光洁，鲜丽俏艳，点缀于绿叶琼枝间，风姿绰约，美艳怡人，高贵雅致。金花茶不但有极高的观赏价值，而且还含有其他植物没有的药用成分，具有极高的医学价值，被誉为“植物界大熊猫”、“茶族皇后”。

壮乡的山是这样的神奇，总是散发出花草的芬芳，灵气而博大。

有一首壮族歌谣这样唱道：

人生不识草，
药前把命抛，
千草万木能治病，
苦果鲜花都是药。
天上有仙桃，
人间有仙草，
一物降一物，
药到百病逃……

这歌谣以十分经验的语气特别提到“千草万木能治病，苦果鲜花都是药”，将山居深山密林的草草木木的功用，凸显着，颂赞着。毫无疑问，这里的文字所涵盖的情感非同寻常，隐含着壮族古老的医药文化演化脉络，将人们对于民间医药的视线引向深远的大山。

这方水土，万般神奇。生长在壮乡的千草万木给壮族人带来福音。

在漫长的历史过程中，壮族居住在我国岭南山区。他们靠山吃山，舞刀弄锄，造林种谷，艰辛劳作在崇山峻岭之中。山区原始森林中茂密的植物，为壮族识别各种草木的性质，利用草木的枝、根、皮、叶、花朵医治疾病，提供了十分广阔的基础。

几千年来，为了生存繁衍，壮族人长期在恶劣的自然环境和疾病的斗争中，不断利用山区盛产的动植物资源，寻找能够防治疾病的天然药物和探索治疗的方法，用千草万木、瓜果花藤进行了生命的体验，这使他们积累了利用草药防病治病的丰富经验。

因而，在壮族地区民间流行着端午药市习俗，据考证，已有上千年的历史，壮乡药市也可从一定程度上反映出近代壮族医药的成就。每年农历五月初五，壮乡药农及懂得一方一药的群众，纷纷携带自采药物，到县城或圩场出售，其中以靖西药市的规模最大。壮乡药市说明，壮族人民有利用草药防病治病的传统和习惯，而且从认药、采药、用药到形成药市，也必须经过一个较长的历史时期。壮乡男女老少争逛药市，药农互相交流医药知识，这既是一种群防群治的良好习俗，也是壮族医药史上的重要篇章。

壮族人对大山的生物药用资源的认识达到了相当高深的层次，使用草药在医治外伤、接骨方面更有神奇的疗效，年深日久，积累了丰富的经验，产生了一大批壮医，他们能医治许多疑难杂症。

在十万大山上，人们口传着一位壮族老太太悬壶济世的神奇。她没上过一天学，却会说流利的汉话，一天到晚笑眯眯的，背着背篓往回走时，总喜欢撮着薄薄的嘴唇吹口哨，吹一些欢快的调子。许多背背篓的女人都会吹口哨，有的干脆扬着嗓门唱上几句壮族山歌，歌声清亮，宛如山涧溪水在奔涌。这足以使她能说会道，但因为家里缺乏劳力，她不得不辍学，帮家里身为草药医的父亲上山采药，这一干就是近 50 年。

人们有时在县城街上就会看到这位老人家。她裹着蓝色头布，穿黑色土布绣花衣裤，神态自若地坐在她的草药摊面前。如今，她依然自己上山采药，自己制作，自己拿到集市上卖，同时给人治病。壮乡的许多县、乡她都去过，各地的街上有她固定的地点，有的人有病也到她家请她看病。据说，她懂得和使用草药三百多种，能利用草药治妇科、男性、心脏病、胃病、跌打痨伤、风湿肿痛等疾病，治风湿病是她最拿手的，往往药到病除，十拿九稳，在当地很有名气。

她说，常用药都是她自己加工配制的。她家的后院是个大的药房，多为植物药材。主要有龙骨风、鸡血藤、杜仲、双勾藤、大钻、水黑芹等。壮族妇女分娩后，家里人上山采集大钻、铜钻、散风藤、丢了

棍、九龙藤、麻风骨、双勾藤、杜仲等数十种草药，放进大铁锅里煮沸，然后倒入特制的浴缸中。浴缸形如圆柱，用杉木板制成，宽约70厘米，高约90厘米，缸底放一张小竹凳，方便产妇坐浴，待沸腾的药水降到60摄氏度左右，产妇入缸坐浴，全身泡在药水中，慢慢烫洗，让药水浸入体内，直到全身发热发红。每天药浴一次，每次40分钟，连续洗一个月。满月那天，要大洗，药味更加浓，时间也较长，算是“坐月”终结。

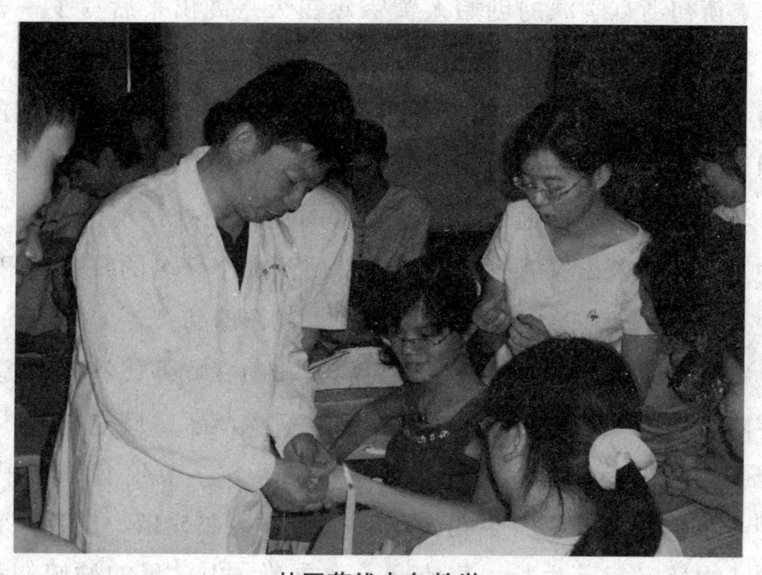

壮医药线点灸教学

产妇药浴保健，婴儿也随母亲药浴，只是次数少些，时间短些，而且第一次洗浴要在出生后10天。为了保证药浴疗效，药浴要与药膳相结合。药膳为：将鸡血藤、十全大补、梅花钻、过山龙、一身保暖、宝力参、水黑芹等草药熬成水，放入鸡肉、猪肉、蛋等食物蒸煮给产妇吃。第一次药膳要吃一只公鸡，这样能使产妇排除体内垢物，促进血液循环，增强抗菌能力。

老人家还自豪地说，她和女儿、媳妇的每次“坐月”都用药浴，孩子个个健康成长。如今身体健康，骨架硬朗，精力旺盛，经批准她开了壮医门诊，就诊的人纷至沓来。

这是数千年的体验，无数生命的体验，壮乡的草木于是走向了民间，也走向了全国。

世界上有三家现存最早的私家藏书楼，其中一座在中国浙江宁波，叫“天一阁”。它的主人是443年前明代嘉靖年间宁波鄞县人范钦，所藏典籍有7万卷。

明末清初浙东学派的创始人黄宗羲在天一阁出来后写了一篇很有名的《天一阁藏书记》，他在文中叹道：“赏叹读书难，藏书尤难，藏之久而不散，则难之难矣！”天一阁的书籍没有被虫蛀。天一阁的主人范钦用了壮乡生长的一种叫灵香草防虫蛀书。

著名社会学家费孝通说：“灵香草的这种用处是清代宁波‘天一阁’的主人在广西做官时发现的，他带回到那个著名的藏书楼里试用，果然生效，于是就在当时的文人中传开，视作珍品。”

灵香草，这是壮乡的特产，宋代周去非的《岭外代答》里提到它，称“零陵香”，产于今桂北。它是多年生草本，高二尺左右，叶互生，椭圆光滑，叶边有锯齿；茎略方，青绿微紫，茎节生有不定根。四、五月间，茎梢开出黄色的小花。花谢果结，大如胡椒，皮色灰白。果熟落地，次年又发芽生长。每年春、秋季节，山林里的姑娘们都拔香草。她们将香草连根拔起，洗去泥沙，用文火烘至七八成干，再继续风干，香草就变得柔软而幽香四溢了。

把一两根香草放在枕席下、衣柜里或书箱中，衣物就被熏香得像洒过香水一样。不仅如此，它还能驱虫防蛀，保护衣物。天一阁藏书防蛀成功后，国家图书馆多次派人前来收购，许多地方图书馆也用它作防虫剂，效果颇佳。它是理想的天然香料。其香味，能提神醒脑，辟除山岚瘴气。用它煲水洗澡，可消溽暑、治疮疖，却秽垢。茎叶也可作药，治头痛腰酸和腹肾病，又能健胃、发汗。据说，用灵香草的

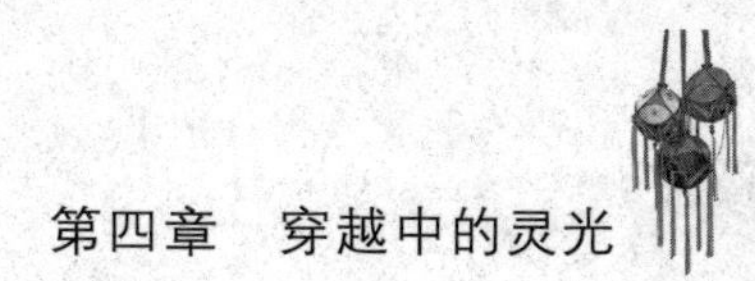

新鲜茎叶煮水喝，还可以避孕。从香草中提炼的香精油，是制作化妆品的良好香料。

经过历代的积累和发展，到现代，壮族医药已达到了一定的成就。民国时期的一些广西地方史志就记载有部分壮族医药的内容。民国《恭城县志》载："役劳苦之人，一或不慎，辄生外感，轻则身骨疼痛，用刮摩之法，重则昏迷不知，非用瓷瓦针将十指刺出紫血，则命在旦夕，宜急不宜缓，急则生，缓则死，生死相关，不可忽也。"民国《武鸣县志》载："周景媛，精通针术，赴省乡试，有一妇人，产难已殓，用银针刺腹中，母复生，子亦保存，凡起死回生者，不少人有活菩萨令誉，流传至今，是亦物望所归者。"不难看出，这些都是壮族人民用针刺疗法抢救一些急危重症患者的宝贵经验。

1979 年，广西考古工作者在贵县罗泊湾的古墓里发现了三枚银针，这是当时我国发现的年代最早的绞索状针柄的金属制针灸针，是古代壮族先民的医用针。同时还发现了大批的植物和药物种子或果实，如大麻、青杨梅、橄榄、金银花、瓜子、铁冬青等。2006 年，考古工作者在广西南宁市武鸣县马头乡的战国墓里又发现了两枚铜针，认为这是我国较早的针灸用针。这足以证明，壮族的祖先都已初步掌握了针灸医术和认识了一些植物的药用价值。

自先秦时期开始，壮医经过了汉晋六朝的发展，不断积累经验，至唐宋时期已掌握使用上百种壮药，运用针挑、刮、熏、洗、药物内服及外敷等 10 多种壮医疗法，形成了具有浓郁民族特色的壮医体系。据资料介绍，广西有植物药 3700 多种，矿物药 80 多种，动物药 200 多种，其中壮药 2000 多种，占 70%。壮医对药物的形态、功效、性味、采集、加工及分类已有了比较全面的认识，特别是壮医对毒蛇咬伤、跌打损伤、风湿骨痛、中毒、痧症、瘴气、风、蛊、杂病等病的治疗用药积累了丰富的经验。

宋代范成大《桂海虞衡志》说："瘴，两广唯桂林无之，自是西南，皆瘴乡矣。”广西地处岭南，气候炎热，多雨潮湿，山多林密，烟雨氤氲，浊气滞积，故多瘴气。人若受感染，则头痛，腹泻胸闷，腹胀痛，寒热往来，食欲不振；重者昏仆、失语、脱发等。广西之中，龙州的瘴气最重，而当地百姓当时不知此病为何病，就称之为“鸡鬼”附身。因“鸡鬼”泛滥，故有“鬼出龙州”之说，以至于东南亚一带，人们无不谈“鬼”色变。这里说的是过去。

正因为瘴气肆虐，壮族人也就积极地寻找和掌握了防止瘴气的方法。如服食薏仁米，嗜嚼槟榔，悬挂菖蒲，针刺治疗，居住干栏建筑等。壮族人首创了瘴气分类法，即按发病季节分为青草瘴、黄梅瘴、新禾瘴、黄茅瘴，按症状及性质分为冷瘴、热瘴、哑瘴等。普通百姓，对防治瘴气的知识也能普遍掌握。每年端午节，壮族人家都在家门口悬挂菖蒲、艾叶，并饮用黄酒以消灾防病。有些地方，还有上山采药的习俗，将采回来的草药煮了，让全家人洗澡。据说这样可以在一年之内不生疥疮。

20 世纪 50 年代以来，广西逐渐开展了民族医药的调查，大量的调查资料表明，壮族医药有悠久的历史。在针灸方面，经考证，“近现代流行于壮族地区的民间针灸疗法，正是古代壮族针灸医术的延续和发展”；《龙脊壮族社会文化调查》载：“长期以来，壮族人民除用药物治疗各种疾病外，还采用针灸、骨灸、火灸、蛋灸、刮痧等简易疗法，深受群众欢迎。”

20 世纪 60 年代以前，尽管壮族有着许多民间医药经验，由于壮族地区的妇幼保健事业还比较薄弱，加之受到传统思想的影响，人们的婚姻观念落后，生育习俗不科学，使得壮族婴儿的死亡率比较高。此后，由于医疗水平和人们生活水平的提高，以及妇幼保健知识的普及，壮族的婴儿死亡率从 1960 年的 107.3‰下降到 1969 年的 56.4‰，1979 年进一步下降到 35.50‰。20 世纪 80 年代，壮族的婴儿死亡率有所反弹，1990 年达到 50.21‰。90 年代后，随着壮族地区妇幼保健事业的较大发展，壮族的婴儿死亡率重新降低，到2000年降低到35.54‰的水平。进入新世纪，各级政府继续加强公共卫生体系建设，进一步完善基层医疗服务设施，人民群众的医疗保健水平获得明显改善，2009年5岁以下儿童死亡率为11.22‰，孕产妇死亡率为22.79/10万①。

20世纪50年代以来，已有部分学者尝试以个人努力对壮医药进行挖掘、整理，先后出版和发表《壮医陶针考》、《陶针疗法》、《壮医源流综论》、《壮族民间脉诊的探讨》、《壮医针挑疗法》、《壮医药线点灸疗法》、《常见病民间传统外治法》、《观甲诊病》、《壮族民间医药简编》、《壮医药线点灸疗法临床治验录》、《发掘整理中的壮医》等著作结束了壮医药在历史上没有理论专著的历史。表明壮医药已日益受到人们的重视，得到人们的承认，并堂堂正正地登上大雅之堂。

一个长期在崇山峻岭中生活的民族，面对大山，面对病疾，顽强应对，不断创造，实录着壮族人一步一步的历程，抒写着自己民族的文明，让人类看到了一个越来越神奇的壮乡山水。

一丛丛绽放的金花茶，遍及壮乡的百草花木，以及在实践中形成的独特的医学理论，属于中国，属于世界。

第四节 干栏，“人居其上”

壮族人喜欢把家建在山边。

壮族人所居的山大都选择泥山，因为有泥才可开垦种植。一代一代在山里生息，壮族人已把山经营得十分的精致。背阳的山坡，种上了杉木、竹子、龙眼，终年绿荫蔽眼；山边的洼地，则开成了稻田。

稻田一块一块，一年开春的时候，几场春雨过后，田里积满了水。壮族人用牛一犁，一耙，又经一夜的过滤，第二天一看，每一块田的

① 2009年广西卫生事业发展统计快报. 广西壮族自治区.

水面亮晶晶的，像一夜之间镶上去的一面面镜片。没几天，插上了秧苗，便绿了。每一年，山都是这样的景色。

壮族人家也是红土地上的一景。

壮族俗语说："住必有其村，居必有其屋。"红水河流域壮族人居住的房屋建筑，多以"干栏"为主。"干栏"一词，是壮民族及其先民称吊脚楼居式木结构房屋的汉字译音，意为"栈台上的房子"，亦即"用竹木搭成的栈台上的房屋"。

干 栏

干栏是由古代人类巢居发展而来的。《魏书·僚传》记载："依树积木，以居其上，名曰干栏。干栏大小，随其家口大小之数。"《岭外代答·巢居》说："深广之民，结栅以居，上施茅屋，下豢牛豕，栅上编竹为栈，不施椅桌床榻，唯有一牛皮为裀席，寝食于斯，牛豕之秽，升闻于栈罅之间，不可向迩。彼皆习惯，莫之闻也。考其所以然，盖地多虎狼，不如是则人畜皆不得安，无乃上古巢居之意欤？"早期，干

栏建筑的外形与巢居十分相像，只是在大树桠上用树枝或竹子搭成一个棚架，顶上用阔叶或茅草覆盖而居。似乎说明巢居便是干栏的前身，或是雏形。

后来移至地面，竖木为柱，铺竹、木或木板为楼。上层以竹或木为篱，供人居住；下层仅有几根柱子，无篱则不围；后来下层围以竹木，或砌石为墙，用以饲养牲畜。栏房墙壁有用竹木、树枝编成壁的，也有用泥涂抹，还有的夯土或砌石片为墙。屋顶用树皮、茅草或用瓦覆盖。干栏墙壁仅用一种称木槿的灌木作篱，并涂上泥巴挡风。

早期干栏建筑与后代的干栏一样有一个共同的特点，即多分为两层，上层住人，下层圈畜。

广西气候炎热，雨量充沛，土地湿润，植被茂盛。为了避免地面潮湿瘴气的侵蚀，必须依树构木为巢，实行离地而居的居住方式，确保居住的舒适。于是，原始先民们在"构木为巢"的基础上，运用已经改进了的磨制石器来砍伐树木，在平地上立柱架楹，编竹为栈，缉茅为顶，人居栈台上，形成了下层架空、上层居住的干栏建筑，完成了从依树积木的"巢居"到人工营造的干栏建筑的过渡，标志着具有鲜明地方风格的干栏建筑的诞生。

于是，干栏就开始依山而筑。走在广西的山区，就会看到从山脚到山腰，干栏大小不一，参差不齐；或现于明处，或隐于林中；时而间间相连，时而单家独处。路是阡陌纵横的，高低起伏的，但都能把每一户干栏的门口串到一起。

弯弯的村巷铺满了一块块光光的青石板，洗衣服的村妇手挎着竹篮不动声色地踩过，年复一年，暮归的老牛，低着头，慢条斯理地走着，没有铃声，只有"嗒嗒"的蹄声，执著地敲响一扇扇黄昏里静默的门。

路边的菜园，也被石块作墙围了起来。石块小小的，却叠得很密实，很精致。日晒雨淋，当阳的石面已长青苔了，石缝也长草了。不熟悉的人进了寨子，如果只顾观看这样的景致，七弯八拐就肯定走不出来。

壮族人崇拜树林。所以，他们喜欢在屋前屋后或村头寨尾种上一片树林，有榕树，有樟树，有龙眼树，有柚子树，枝叶茂密，挡阳遮阴。故走进寨子，多见阴凉，不觉炎热。而干栏与树，一高一低，一灰一绿，一静一动，最易入画。所以，壮乡与干栏，常常被画家写入画中，让看客羡慕极了。而壮族人活在画里，却浑然不知。

在壮族人的观念里，干栏不仅是人们居住生活的空间、积财纳福的灵地和避鬼禳邪的庇护所，而且也是一个家庭财富的象征。自古以来，壮族人一直把建造新房当做人生中的一件大事和奋斗的目标，并且把干栏的建成当做一件值得自豪和光耀的大事。为了营造和拥有一座属于自己的干栏，人们辛勤劳作，节俭积蓄，毕尽一生最大的努力。因为只有安居才能乐业。所以，壮族人通常把建干栏与结婚放在同等重要的位置，这是由于壮族姑娘择偶和婚嫁的条件，既重视男方的人品和才智，也要看男方家庭的干栏是否充裕宽敞。

因为建造一座新的干栏需要耗费巨大的人力、物力和财力，姑娘们是不情愿一结婚就要节俭积蓄筹建新干栏，影响正常的生活。所以，壮族姑娘在决定婚事之前，有一个“看干栏”的程序，即姑娘偕同一位女伴，在媒人的带领下，亲临男家实地“考察”，主要是察看男家干栏的状况，并根据“考察”结果来决定是否成婚，如果没有较为宽敞充裕的干栏，往往难以顺利成婚。由此可以看出，有一栋好的干栏在壮族生活中的重要性以及壮族人对房屋的重视程度。

修建一栋干栏，对于一个壮族家庭来说，不仅耗资巨大，需要多年的节俭和积蓄，而且新干栏建成后，一般都可以连续居住几代人乃至十几代人。

营造时，工匠们按照所建干栏的规格和尺寸，对木料进行量裁和加工，凿卯眼锯削榫头及刨光。干栏的山墙一般为五柱一榀结构，也有的为3～7柱不等，并流行采用光柱与瓜柱相构合的穿斗工艺和“人”字形的梁架构造法，在柱顶部分以木枋承托矮柱，使之与立柱连为一体，构成一组完整紧密的双面呈阶梯斜坡状的山墙木构架。若干排山墙木构架用几条横枋连接起来，就形成了一座完整的干栏骨架。其中的柱与柱和柱与木穿或木枋之间相扣合的木榫和卯眼，大小恰相套合，角度准确无误，不用铁钉，构合紧密牢固，浑然一体。若要迁移新址，可将其木构架成排拆开，运到新址重新构合立起，便完整如初。工匠们娴熟高超的建筑工艺，由此可见一斑。

古代建造干栏的材料，多以竹木为主；当代干栏建筑中，壮族干栏多用木板。房屋上下层的框架搭建好后，就用木板围封了。下层围墙有的用木板，有的用石块，不必封到楼板。如今的一些标准的干栏，设置合理。楼的上层，房子数量依人口而设，以板相隔可以随意分隔。规格大的干栏一般附有晒台、抱厦、望楼。楼上中间是正厅，用以接待客人、聚会之用，正厅后面是灶房。正厅的两边称厢房，是卧室。楼下部分统称栏底，堆放农具、杂物，圈鸡鸭，大牲畜如牛、猪等大都关在栏房之外。厕所设在栏房底下，有的另设在栏房外面。

正厅后面的火塘是用来煮饭炒菜的，因此，火烟都是在屋子里熏，长年累月，干栏里的木柱、横条、瓦片，甚至悬挂在屋梁上的谷穗、玉米、农具都变黑了，还蒙上一层厚厚的烟灰。正因为有火烟熏，房子里的木料都不会生虫。而挂在火塘上的肉那就更美妙了。那些肉，都是过年杀猪时留下的，是放在以后慢慢吃的。没想到，那些肉一经火烟熏，也变黑了，但就是不会腐烂变质，放多久都可以。想吃时，就割下一块，蒸或炒，带有一股火烟味，特香，特有味道。吃惯了，没有火烟味就觉得没味道了。

壮族地方保留下来的干栏建筑，大都并非因经济因素而没有改造，更主要的是体现了一种地域性的居住习惯。由于人们卫生意识的提高，这些干栏建筑已逐渐克服了早期干栏建筑的一些缺陷，使干栏成为一种十分舒适的南方特色民居。如，为使干栏更稳固，人们用竖立的竹木打桩，有的还有石础，构筑屋的底架。为使干栏防盗功能更好，有些干栏建筑一楼用砖砌起四周，二楼仍用木竹相隔。为使栏房易于防火，出现半楼居式的栏房，即把栏房的半边架在山坡上，另半边则悬空：接触山坡的半边设火房，利于防火；而悬空半边，能享受栏房凉爽通风等优点。

这样，壮族人多半就住在干栏，故住在楼上，就有住在半空的感觉。干栏正门外设有长廊。劳作回来，累了，便拖出一张板凳，坐在长廊里小憩。吃完饭，也坐在长廊里，与家里人或来玩的邻里拉拉家常。

山边的壮族林寨具有反映历史的代表性，彰显人与自然和谐相处的生产、生活方式及地方民俗风情。它灿烂的色彩，缤纷的想象，远古的激情都一一凝固在一座座干栏上了。人们一定会在这样的建筑里找到触动自己灵感的角落。

山风常吹，不管多热的天，只须静坐一会儿，人就凉爽了。而坐久了，就爱往外看。长廊下面是山脚，对面更远是山，这种悬空的感觉更强了。白天看见的山似乎永远都是这个样子，变化的只是山顶不断变幻的云朵。而到了夜里，山就看不见了。但看见周边零零星星的灯火，还有天上的星星。这时才觉得离天上的星星很近很近。屋里的小孩子哭了，母亲把他抱出来，靠在长廊的栏杆上，逗他数星星。屋外黑乎乎的，唯星星闪亮，所以孩子就觉得奇，竟然不哭了。屋里一静，男人的心事就出来了，想着开春种了稻谷，还种不种那一畦黄豆呢？种了黄豆，还种柑橘呢？那头猪长大了，老母猪卖不卖呢……想

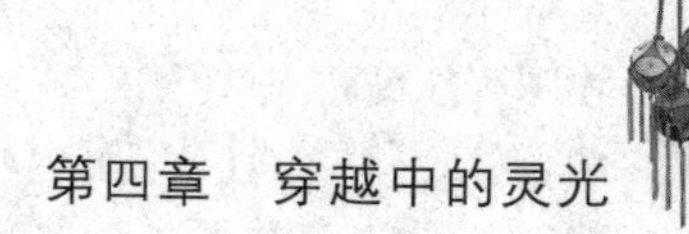

着想着就困了，打了个哈欠，起身，往屋里走，木板就吱吱响，楼下的牲口就跟着轻微地骚动。进了卧房，撩开蚊帐，见孩子睡了，但老婆眼睛亮亮地等着他，很像天上的星星。

住在半空的感觉真好，这时的感觉更好……

第五节　远逝的威严

两扇沉沉的大门，它早已被人们打开。

走进去，人们就看到那明镜高悬下带着的龙图尊严已化土成埃，那案牍上雷霆霹雳般的惊堂木声已呜咽在远去的风中。唯有那饱经风霜的古树还在孜孜不倦地庇荫着衙署屋檐上的雕龙。还有那门前峙立着被一代代人抚摸过的光洁威严的石狮，门墩上雕刻精美的石鼓，无一不仍在炫耀主人当年的富有和显赫，在这里始终如一地守护着逝去的灵魂。

这就是曾经掌管一方黎民，充盈清浊之气的壮族莫氏土司衙门。

忻城莫氏土司遗留下的衙署是全国规模较大的，至今保留较为完整的壮族土司建筑之一。

忻城土司衙署

土司制度由封建王朝的羁縻政策演变而来，本着“以夷治夷”、“以蛮治蛮”的目的，由土酋充当的官吏叫“土官”。“土官”的衔号有宣慰司、宣抚司等，“土司”一词即由此而来。

位于广西中部的忻城县，于唐代贞观初年建置，为羁縻芝州治。宋代庆历三年（公元 1043 年），以羁縻芝州、归思州、纡州合并置忻城县，实行流官制度。到了元代，又实行土官制度。明代洪武元年（公元 1368 年），实行流官制度。二年（公元 1369 年），又实行土官制度。三年（公元 1370 年），又实行流官制度。

由于种种历史原因，正统五年（公元 1440 年），朝廷授予壮族人莫敬诚为土知县县事，获世袭，忻城形成流土合治局面。流土合治权不相统，土官掌实权，流官握空印。弘治九年（公元 1496 年），孝宗皇帝准奏“裁革广西庆远府（忻城）流官知县一员，止留土官知县掌印管事”。从此，莫敬诚之孙莫鲁独掌忻城县事。莫氏袭任土司，直到清代光绪三十二年（公元 1906 年），土官莫增瑞“因案去职”，“原领纸号缴销”，从此不准世袭。

明万历十年（公元 1582 年）的一天，忻城县第六任土官莫镇威来到了翠屏山北麓。他看到山间林木葱郁，树荫幽深。凤鸟落脚时，如风来临，可见枝叶摇荡；蝉噪遏止间，静如半夜，可闻珠落滴答。莫土司高兴地说：“凤鸣其山，必有吉祥。”为了取其吉祥之意，于是，他便萌发了在这里建设土司衙置的想法。从 1582 年起，忻城土官莫镇威开始了这座土司衙门的主体工程建设。后又经过历任土司先后对附属建筑不断的拓建，形成了这个规模宏大的土司建筑群。

莫镇威的壮族土司，大概也希望翠屏山会显示神迹，满足他的愿望。

登上翠屏山，居高临下。

从翠屏山上下来，可以走进已经打开了多年的衙门。

衙门建筑均为砖木结构，具有中国古典宫廷建筑的特点，气势恢弘，格调典雅，古色古香，特别是那深幽的殿堂，精致的屋脊翘角，镂空花窗，浮雕图案，多为树枝、鸟兽鱼虫。墙壁、屋檐、木门、石墩等亦有浮雕，山川日月，乡风民俗，尽可入画。游览其中，古风扑面，色香荡漾；一砖一瓦，一草一木，仿佛是日月的积淀，凝重，典雅，宁静。衙署坐南面北，背倚山美石奇林秀的翠屏山，自然景观与人文景观浑然一体，蔚为大观。这座象征权力和富有的莫土司衙署建筑，虽经饱霜雪，历尽沧桑，几经兵燹，依然体现出当时壮族土司功能齐全的政治制度和权力机构的气势非凡。

衙门大门左拐处有一座孤零零的跨街道的圆形拱门为辕门，门上镶嵌着几个苍然遒劲的大字："庆南要地"（忻城土司处庆远府南部）。立于辕门口，可以看见衙署房子的屋脊微微翘起，似龙尾又似鲤鱼尾。左侧为一面硕大的白壁，曰"照壁"，壁上的一只老虎已被毁。右而为衙署大门。朱色门柱上有联："守此土，莅此民，十六堡群黎，无非赤子；壁其疆，治其赋，三百里区域，尽隶黄封。"大门后有"仪门"三扇，土司当权时，平时只开左右两扇（左进右出），中门不开，只有处决人犯或迎送上级官吏时才开。进入第一扇仪门后即为加上方院落，左为牢房，右为兵房，左、中、右各有砖砌的通道通往"头堂"前的台阶。"头堂"是过去土司审案的地方，设有大鼓一个，"威武"、"肃静"牌匾静静肃立，审案台周围用木栅圈住，中间是土司的座位。

连着二堂的是三堂，是土司家眷居住的地方。窗子精美的镂空木花窗是壮家人最喜爱的图案，它们的原型可能就是壮锦。从镂空的木花窗窥探土司书房，内雅有幽，摆放着整齐的书架、书桌及动物木雕。三堂后的后苑，是土司小姐居住的地方，地方狭窄，土司小姐们活动就禁锢在这方小小的天地里。

三堂外的赏竹园坐落在翠屏山脚下，墙下嵌有石碑。它们大部分为土司及其夫人的墓碑，有的碑已断裂，其上面的文字已模糊不清。有一块单独立着极其显眼：碑面有双龙飞腾之像，为乾隆二十六年皇帝钦封十五代土司莫景隆为文林郎时所立。

挨着赏竹园的是土司请客会宴的东花厅，也称“云山阁”。东花厅由于民国 11 年（1922 年），农历一月六日军阀混战时被军阀张烈刚部属烧毁，现已重建。厅内茶几、太师椅古香古色。两侧墙上挂有十三世土司莫元相所作的《翠屏山赋》，散文铺陈山峦的色泽，是壮族文学中精品之作。

莫元相（公元 1667～1730 年）为第十二任土官莫宗诏之长子。42 岁时，钦准世袭忻城土县莫氏第十三任土官。

莫元相承袭后，地方无事，唯族中争夺袭职相互仇杀百十年，至此元气大衰。为睦族匡政，采取以法谕治。作《劝官族示》悬于县署前，要求族人：一、须读书明理，始不致犯上作乱，暴戾凌人；二、须大江东去田收获，才不因饥寒交迫而起盗心；三、须精一技艺，治产积居，可延数世之富。

莫元相袭任初年，官族莫元采不守法规，危害邑民，经侦知擒拿送庆远府查办。从此，举凡亲疏官族、土民人等，均小心谨慎，不敢以身试法。百十年来，亲亲相残之风，乃告平息。

中国的历史大多是后人为了自己的需要而写的。

壮族莫氏土司总共世袭了二十三代，个中有庸官，有贪官，肯定会有一些好官，绝不能用今天的眼光去看待他们。堂前鼓面沧桑涌破人们心湖的平静。布满尘埃的书房，断碑上隐隐约约的文字都是一些被读者遗弃的章节。一定是有些什么东西残留在雕花木窗上，闲雅的文人居室里，或明镜高悬下昧心的吼声里，一定是有些什么东西迷醉在深深的衙署中。想当时，“嘭咚嘭咚”之声圆满了多少人的微笑和泪水。这衙门既曾经有铁面无私，替民伸张正义，也曾官官相护，为已平步青云。

推开朱红色的大门，庭院幽幽，绿树重门尽收眼底。赏竹园内青竹依旧拔节，枝枝叶叶都在风声中摇曳着曲谱。

和莫元相土司一样，莫镇威土司更是一个面孔清晰的故事。

莫镇威（公元1547～1610年），字忠惠，号双江，是世袭忻城土司第六任土官。壮族人普遍认为莫镇威是莫氏历届土官中政绩最优异的土官。他文武双全，有胆有识。28岁任职后，回顾历代土官治理忻城的得失，他写成《训荫官》，文中告诫子孙："君为舟，民为水，水滥舟覆。"认识到君民的辩证关系。指出为官者要"宁朴无华，宁俭无奢"，对民"毋厚敛"，只有处理好官民关系，才能长治久安。

《重新续修莫氏族谱》赞莫镇威"三战夺瑶魂，一车唤雨调"。他任土官第二年，即明万历四年（公元1576年），广东罗旁（今罗定县）农民蜂聚，义举浩荡。他奉上宪檄令，率士兵往征，擒获义军领袖龙旺，立中等军功，蒙赏黄金十两，官加四品。万历七年（公元1579年），八寨（在今忻城县红渡、古蓬、北更、遂意等乡镇）首领樊公宾聚众居险反抗朝廷，镇威请缨平叛，论功第一蒙赏金帛。万历九年（公元1581年），镇压同其、梁阴（今宜州市屏南乡镇）、功德、窑灰（今忻城县马泗、欧洞两乡）诸地农民造反，获都督刘尧诲赏给金帛，并获钦准将同其、梁阴、功德、窑灰划归忻城土县莫氏领地。万历十四年（公元1586年）以后，地方宁静，征调不闻。莫镇威卸鞍治政，将县衙丛喇院（今宁江乡板现屯）移建修文里（今城关镇）翠屏山下，建新司衙，就是现在的忻城土司衙门。

土官莫镇威建设衙署最初的闪念，恐怕只是为了显示莫氏土司的实力。应该说，莫氏家族在长年的经营中，积累了大量的财富。他的后任也认同这种理念，也用大量的钱财扩建了这座衙署。不知过了多少年，壮族不曾有过的庭院建筑群出现了。

莫镇威重视农业生产，造思练堡官房，作劝农停车所，于农事季节，出巡督促佃记农耕，缴纳税赋租谷。莫镇威还重视开办社学，传播文化，自此诗书之声乃出忻城壮乡。在忻城，在翠屏山北麓，当年的百姓们常常会看见这样的情景：门前门后，庭院内外，兵丁进进出出，宾客来来往往，佣人忙忙碌碌。每逢年节，院子里想必是摆满了酒菜，亲朋好友，举杯交错，说笑不断，好气派的一个大家族！

这就很好了。读书识理，至关重要。至于后人有关他“镇压”人民的评说，他受命于朝廷，所有的这历史的故事，都事出几分沧桑。

尔非古人，焉知古人之幽怨？尔为今人，又岂知今人怀古之情伤？

现在，让我们再看一眼莫氏土司衙门。在这样的地方，人们能隐约地看到历史的面貌，并对过去的时代，过去的生活建立一种真实的感觉。

一直都没有特别强大过，但一直都特别有韧性地传递着壮族血缘与农业的世袭莫氏土司，最终也逃不过这种宿命。

最后一代土司莫增瑞虽然有外貌却没有内才，是个草包官。鉴于这种情况，莫增瑞任职不满一年，中央政府委派的首任弹压到职，把莫增瑞撤掉，从此，莫氏土官及家眷一夜之间全部搬出土司衙门，弹压委员主持县政，土司衙门改为了弹压委员的公署。

差不多同一时间，广西的历史发生了变化，土司制度终于退出了历史的舞台，威严已经逝去。一座建筑、一个庭院显示了一个家族的实力，但同时也是一个地区的社会制度的浓缩。兵房、牢房、祠堂、官邸、礼房……统治者所需的权力、制度、礼教、宗教等都集中在这个土司衙署里了。而庭院的设计，还有那些雕梁画栋，则充分体现了当时壮族工匠们的最高艺术水平。

莫氏土司衙署在翠屏山北麓与清风明月相伴了400多年，热闹过也孤寂过，但始终断不了人们对它的喃喃细语。因为它是中华民族历史上属于壮族人的一片磷光，一段传奇，生动，耀眼。

好在这个建筑还存活着，人们可以随意地走进这个衙门，它给人们留下了人文的意义，给后人思考许多。

第六节 追寻海上丝绸之路

这是2000多年前的汉武帝时代。

汉武帝一生几乎都在做一件事，那就是如何消除来自北方匈奴的威胁。在厉兵秣马的同时，他还派出使者前往西域，试图和匈奴另一侧的西域诸国结成同盟。

大约是公元前129年的一天，张骞信步逛到了今天阿富汗境内阿姆河南岸的大夏国。在大夏的街头，张骞惊奇地发现，竟然有汉朝的布匹比他更早到达了西域。

张骞问街头的商人，这些东西是从哪儿来的？商人说，在大夏的东南，有一个身毒国，经过身毒国可以到一个叫做蜀的地方买到这些东西。身毒国，就在今天的印度境内。

返回长安后，张骞把在大夏国的所见所闻报告给汉武帝。打通通往西域的道路对汉武帝来说太重要了，难道往南还有一条路，可以避开匈奴到达西域？

公元前120年，汉帝国的首都长安是世界上最大的城市之一。

在全国各地送到长安来的贡品中，有很多五花八门的珍禽异兽，其中有一头据说是来自海外的大象。负责运送贡品的官员说，这头大象是南方海边的合浦郡进献的，听说是用那里的珍珠从海外换来的。海外？难道从北部湾走海路可以到达身毒国，然后再到达西域？

在汉代，北部湾的北面几乎都是合浦郡的范围，当时的合浦郡，北通郁林、苍梧，东接南海，西连交趾，是岭南政治经济中心之一。合浦，北面是辽阔的西南腹地，南面是浩瀚的南中国海。在中国古代人的观念中，陆地在这里结束，而海洋从这里开始。

公元前 111 年，汉武帝在岭南设立九郡，合浦是九郡之一，九个郡里头最重要的就有合浦郡。

合浦郡虽然和盛产稻米的交趾郡相毗邻，但却看不见多少稻田。这里的壮族先民有一个特别的称谓——珠农。他们终年在北部湾里劳作，生产价值连城的珍珠，然后用珍珠换取粮食。据《合浦县志》记载，在汉代以前，合浦采珠业就已相当兴盛，并围绕着采珠业形成了一个繁荣的城镇。

在中国的成语辞典中有个古老的成语叫“合浦珠还”。合浦，指汉代北部湾畔的合浦郡，郡址就在今天广西合浦县一带；珠就是珍珠，合浦产的珍珠就是中国最负盛名的南珠。

这个成语的典故源自 2000 多年前，说的是汉代合浦郡太守孟尝革除政弊、保护合浦采珠业的故事。合浦珍珠名闻遐迩，在合浦聚散的商人们不仅用它换来自中原的丝绸，还用它交换来自海外的奇珍异宝。

在合浦县志中有这样的记载，公元前 111 年，汉武帝的使臣到达合浦，他的任务，就是从合浦郡出发，寻找从海上通往西域的新通道。

1971 年 7 月，合浦县爆竹厂准备修建厂房，地址选在县城东南 2 公里处的望牛岭。工程开始不久，挖地基的工人们发现土层有些异样，下面竟然是空的。当地政府接到报告后，即刻派人到望牛岭施工现场勘察，勘察的结果令所有人都大吃一惊，工人们挖到的竟然是一座西汉古墓的墓道。这个墓是广西首次发现的大型西汉墓，在墓葬里出土了 240 多件的文物。根据国内其他发现汉墓的地方报告，一般情况下，发现汉墓的地方都不会只有孤零零的一座墓地。于是，考古人员在合浦全境进行搜索调查，发现在合浦县城周围竟然有汉代墓葬近一万座。

这是中国发现的规模最大的汉代墓葬群之一。

合浦汉墓中出土了大量极富欧洲风韵的珍贵文物，最有代表性的是玻璃杯，质地清纯，做工考究。那时候全世界只有欧洲能够出产这样精致的玻璃器皿。

2003 年，人们在合浦县城东北 13 公里处的石湾镇发现了一个汉代古码头遗址。码头由夯筑的弧形平台、台阶与船埠构成。专家证实这是 2000 多年前西汉时期的遗物。大浪古码头的发现证明了公元前 111 年，汉武帝的使臣正是在这样安全的内河码头装载货物，带着大量的黄金与丝绸进入北部湾，开始了一次彪炳史册的伟大航行。

《汉书·地理志》记载了中国历史这次伟大远洋航行。“自日南障塞，徐闻、合浦船行可五月，有都元国。”汉使从合浦郡出发，最先到达的是一个叫做都元国的地方。都元国在越南南部的湄公河出海口附近。今天，这里坐落着越南南部最大的港口城市胡志明市。

4 个月后，他们到达了“邑卢没国”。邑卢没国的位置在泰国曼谷湾附近，离现在的泰国首都曼谷仅 100 公里。“又船行可二十余日，有谌离国”，“谌离国”的位置在今天泰国湾的西面。“步行可十余日，有夫甘都卢国。”

每一次靠岸，汉使和他的船员们都会带上干粮和盘缠，从港口向内陆进行最大范围的探索。他们在谌离国靠岸之后，又向当地人打听周围的城市，十多天后，他们发现了一个叫“甘都卢国”的地方。这个古代的小国只有 19 个村落，大约位于现在的缅甸甘城。“自夫甘都卢国船行可二月余，有黄支国。”

然后，他们又回到了船上，继续他们的航程，两个月后，船队到达了黄支国，黄支国就在今天印度的东南沿海。这支伟大的探险船队最终穿越了孟加拉湾夏季的增强季风，到达了印度洋中部的岛国斯里兰卡。他们千辛万苦，九死一生，终于找到了古书中所描写的“已程不国”，一条伟大的海上航线却因此载入史册。

公元1903年，法国汉学家沙畹指出，“丝绸之路”其实有两条，一条是陆路，另一条则是海路。在汉代，海上丝绸之路的一端是北部湾的合浦郡，另一端是印度南部的斯里兰卡。海上丝绸之路开辟以后，合浦一度成为中原与东南亚物品的交汇之地。来自东南亚的琥珀、玛瑙、玻璃器皿和香料，与来自中原的丝绸、陶瓷和茶叶，在合浦淳朴、平等的氛围中进行交易。

合浦出土的大量舶来品，是欧洲与中国最早往来的物证。在史书中也有关于这段交往的记载：“大秦王安敦遣使自日南徼外，献象牙、犀角、瑇瑁。”这一年为汉桓帝延熹九年，即公元166年。大秦就是古罗马帝国。安敦，就是著名的罗马皇帝马可·奥勒略。

2000年前，海上丝绸之路不仅连接了印度、两河流域、波斯和埃及文明，而且还以印度为中转站连接了古罗马文明及欧洲文明，这就是为什么在合浦汉墓中会有数以千计的舶来品的主要原因。一万座汉墓深埋地底，正是合浦郡在汉代空前繁荣的最佳物证。

北部湾是海上丝绸之路最早的始发港，也是中国人从海洋走向世界的一个起点，壮族先民在当中开始了自觉的通商互市意识。

《史记》上有这样的叙述：“使驰义侯因巴蜀罪人，发夜郎兵，下牂牁江：咸会番禺。”这是说，从夜郎即今贵州发兵，通过牂牁江即今红水河，便可抵达番禺即今广州。经典古籍《水经注》也引用《汉书》说：“浮牂柯、下离津，同会番禺，盖乘斯水而入越也。”由此明显看出，早在古代，人们的观念中都是把红水河至大海是一条一脉相承的整体，在历史上这条红水河对沟通大西南与岭南的交通航运起过重大的作用。如《史记》中就记载有：汉代时，人们在番禺即今广州，便可吃到四川产的枸酱。枸酱何以来到广州？这是商人从四川购得枸酱后通过红水河运抵广州的。

这个时期岭南经济、文化的发展很快，这与壮族先民善于吸收中原先进的生产技术不无关系。从目前壮族地区出土的铜器来看，到汉代，器物种类较以前丰富得多，其中有的器形和纹饰与中原的相同，当然也有些是壮族祖先仿中原器物而造的。

于是，秦汉明月破云开，直挂云帆济沧海。

从北部湾生长出来的海上丝绸之路并没有停下自己的脚步，壮族人也在这样的背景下进行着自己的种种贸易。

1972年在昭平县庙椏出土褐绿彩绘鸟纹瓷壶，通高18.8厘米，口沿外卷，颈部较长，壶嘴极短，呈八角柱形，全身施青黄釉，釉质很薄，釉下有褐绿彩绘飞鸟云朵。这件瓷壶造型、釉色和彩釉工艺等方面，都与湖南长沙铜官窑址出土的青黄釉绿彩绘花鸟瓷壶相同，是唐代长沙铜官窑的产品。这些都说明唐时壮族先民与周边地区有密切的贸易关系。

《旧唐书·懿宗纪》（卷十九·上）载，壮族先民地区“溪洞之间，悉藉岭北茶、药”，于是唐王朝“令诸道一任商人兴贩，不得禁止往来”。就是朝廷贡品廉州珍珠也“与人共利”，任人兴贩。唐时始在西南买马，壮族先民地区亦有马市，唐王朝时马市兴旺，因桂州是过岭要道，军人、商人“无不经过，顿递供承，动多差配，凋伤转甚”，于是给予特恩，“赐钱三万贯文”。

作为贸易场所的墟，自晋出现，至唐也得到一定的发展。柳宗元写的诗《柳州峒氓》：“郡城南下接通津，异服殊音不可亲。青箬裹盐归峒客，绿荷包饭趁墟人。”反映了唐代柳州壮族先民赶墟贸易的情况。

货币作为商品交换的媒介，秦以后已在壮族先民地区出现，但唐以前均自岭北输入。新中国成立后在南宁、贺县、柳江、桂林等地均发现了大批唐代铜钱。在桂林，还发现了铅开元钱。大量钱币的铸造，为的是适应商业贸易经济发展的需要，反映了唐代壮族先民商业经济的繁荣。

唐代壮族先民地区与东南亚国家的贸易，由于合浦港此时已淤塞，海路交通受阻，因此，主要通过安南转口。咸通八年（公元 867 年），高骈奏请疏浚邕州至交趾的水路，使“船无滞者”。通过水陆两路，把岭北及壮族先民地区的物产不断运至安南（今越南）及东南亚诸国。

于是，壮族先民通商贸易的完整的生命历史，从雏形、兴旺、成熟——这个丰富而独特的过程全都默默地记忆在它的市镇肌体上。一代代人苦心地创造了它，经营了它，把记忆留在了今天的壮乡大地。

龙州，建埠于清乾隆五十七年（公元 1792 年），水口开关通市，商民可申请准许驾船出关互市贸易。中法战争后，龙州开辟为商埠，成为当时广西第一个通商口岸并设立海关，它是桂西南商品对外流通的门户。19 世纪末，龙州人口稠密，经济活跃，早年就有人从这里过境越南，漂洋过海。光绪十五年（公元 1889 年）法国人来到龙州，设立法国领事馆，这是外国在广西设置最早的领事馆。

今天龙州的街道，仍然有古旧的商铺、房屋、市集，高低错落。古老而浪漫的西洋式建筑上精美的浮雕已显得破旧，墙壁斑驳，但时光流逝的痕迹明显地记录在上面，气势不凡的拱券上尚有“大保”、“裕和杂货”的铺号，依稀可见，有的还有“1917”的字样。光绪十年（公元 1884 年）在驮苗街开设的电报局是广西最早的电报局。近代电信事业对民众生活的影响巨大。从前有紧急军务，只能靠鞭马奔驰，一日五百里，从南疆边陲到北京得十几天。有了电信，瞬息万里，为政治、军务、商务及民用提供了极大方便，故而受到当地壮族人极大欢迎，龙州电报局生意十分兴隆，其原因也出于此。

几乎同一时期，当年海上丝绸之路始发港合浦的一个渔村，于清康熙元年（公元 1662 年）设“北海镇标”，因北面临海而得名叫“北海”。1876 年，《中英烟台条约》将北海辟为通商口岸，英国、法国、德国、美国、意大利、葡萄牙、比利时、奥匈帝国等西方八国相继在北海设立领事馆、开办教堂、医院、学校、电报公司和轮船公司等，北海港一时成为我国南方重要的对外商港。

要知道，这是西方文化大规模走进广西的明证。

在北部湾西北角，中越边境线上有一条小河，名叫北仑河。北仑河的两岸，有两个小城市，一个是中国的东兴，一个是越南的芒街。两个城市隔河相望，一桥相连。从 1991 年开始，北仑河两岸开始变得热闹起来。每天清晨六七点钟，在广西东兴市一侧的中国口岸前，总会聚集起熙熙攘攘的人群，这些人几乎都是居住在东兴的中国人。8 点钟一开关，他们准时穿过口岸到河对面去工作。在东兴，像这样跨国上班的边民超过 3000 人。他们所从事的工作，均与边贸有关。

中越边境的友谊关也是一个重要的贸易口岸。位于崇山之间的小村庄浦寨，逐步发展成繁荣的集镇。从事边贸的边民虽然分属不同的国家，但感觉上就像一个村子里的乡里乡亲，像低头不见抬头见的邻居。这种邻居关系同样体现在以北部湾一衣带水的邻国。在越南市场卖的很多衣服都是中国的服装，包括在胡志明市卖的水果，都是从边贸过去的。中国也是，卖的很多越南的一些工艺品，像水果、海产品，也是通过边贸过来的。

东盟各国与中国山海相连，中国有句俗话“远亲不如近邻”，近邻意味着距离短，知根知底。近邻之间做生意，风险最小，成本最低。这个道理不仅适用于边民之间的小额交易，同样适用于国家之间的经贸往来。

这起于南中国海的中外文化交流之风，对于壮乡 2000 多年的浸润，是壮族文化与海洋文化交集的一个独到脚注，像南珠一样美丽，闪闪发亮。

壮族人或许并没有太多海洋文化的浪漫，但是似乎与生俱来充满了创业致富的想象与激情，如在海上顶风破浪，生生不息。

有人说，壮族人是从实干中看到机遇，从机遇中看到船队远航鼓起的风帆。

毫无疑问，因为水，成就了壮乡。江河海像一条条时空通道，把人们从今天引入历史，进入远古，深入人类整个发展历史的迷宫。人类文明离不开水的孕育，这是无数事实证明了的真理。正是这样，壮族人凭借着水的优势，使得壮乡处处充满记忆。追寻海上丝绸之路，因此记忆就成了壮族人通商与开放的遗产。

尾声

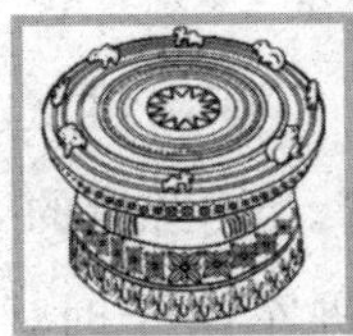

从山到海

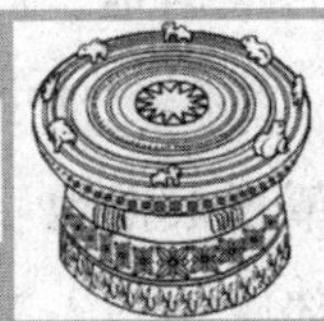

很多东西，比如地理、历史、政治、经济都可以合成一个巨大的人文情境，在此共同范围之内，重叠的事物便可以得出其相互作用的结论。

壮乡似乎是一个与战争有着紧密联系的地方。抚摸着边域沉甸甸的风，人们心里会不时地涌起阵阵的激动。

是的，历史上，壮族与生长在这方水土的中华儿女为了国家的进步作出了巨大的贡献。

远的不说，仅说辛亥革命前夕，孙中山迈出的步伐便在壮乡扬起不能抹去的印迹。

历史学家黄现璠等在《壮族通史》第 784 页这样写着："1895 年 2 月，孙中山在香港成立兴中会总部，1905 年 8 月，在日本东京成立同盟会。1905～1907 年间，广西籍的留日学生在东京参加同盟会的会员有马君武等 60 余人。1906 年，孙中山得到法国协助，派黎勇锡（仲实）与某武官调查两广，胡毅生与某武官调查川滇，乔义生与某武官调查长江沿岸各省……黎仲实偕法武官入桂，在桂林晤黄克强、郭人漳、蔡锷，在龙州晤钮永建，互有接洽。这些调查侦察所获得的广西军事、政治、历史、地理的情报，坚定了孙中山在西南边疆举行武装起义的决心。由于孙中山准备在西南边疆发动武装起义，他非常注意广西革命形势的发展，考虑到广西地理条件比广东优越，如果在边缘地带起义得手，就可以相机夺取南宁，作为发展革命势力的根据地。”

按照孙中山最早的革命方略，首义广西，然后云南、广东，建立革命根据地后再北上进军清朝腹地。这样，必须先取南宁。正当他的部属壮族人王和顺准备领导钦州的民众起义军攻打钦州进军南宁时，孙中山得知驻防城清军中一些下级军官和士兵十分痛恨清廷残害无辜百姓，目睹自己的同胞被杀戮，在革命党人的策反下，萌生反正之意。孙中山认为防城便于海上接济。随后，防城守将刘辉廷、唐浦珠先后被策反成功。孙中山认为时机已经成熟，决定于 9 月上旬举行武装首义。7 月 26 日，孙中山授权王和顺以中华民国军南军大都督名义，发布《告粤省同胞书》。

9 月 5 日，“中华民国军南军”开始攻打防城县城。清军刘辉廷部和唐浦珠部率先响应，驻扎对河的清军李辉堂部相继倒戈，加入起义。起义军蜂拥入城，王和顺传令打开监狱，释放被囚百姓，保护商业，革命军按市价交易，不骚扰民众。县城百姓得知起义军枪毙了贪官污吏，纷纷敲锣打鼓，一片欢腾。

这一仗发生在被历代史书称之为南蛮之地的广西边境。这里距离中原几千里，是化外之地。然而，正是在这蛮荒之地，孙中山和他的同伴们与防城民众打了一场中国反清史上具有重要意义的胜仗，打出了壮乡人的荣耀与自豪。

似乎英雄的时代永远不会结束。在人类的历史上，战争给人类留下了深刻的印象，而人们对壮乡的印象还在于它在战争时期承担的交往角色。

20 世纪第二次世界大战之后，越南战争是最具世界影响的一次残酷的战争。人们关于美国越战的败因有过许多总结。一位参加 1973 年春巴黎和平谈判的美国高级官员在和平谈判结束签字后对记者承认，美国人“察觉不到中国这条‘海上胡志明小道’使战争陷入失误”。

1968 年，侵略越南的美国将战火从越南的南方引向和平的北方。一时间，拥有先进武器的美国海、陆、空三军齐头并进，空中通过猛烈的轰炸实行空中封锁，海域通过炮舰与铺设水雷实行海上封锁，陆地利用坦克和步兵向北推进，美国人试图通过阻断越南人与外国的一切交往，全面占领越南。

中国政府十分清楚美国人在越南扩大战争的目的是为了最终遏制、封锁中国。为了冲破美国人的封锁，毛泽东在天安门城楼发表郑重声明，中国决定支援越南抗美救国的斗争。1968 年 3 月 22 日，国务院总理周恩来批准将防城港建设为战备港口，这个项目当时特定的代号为“322 工程”，这个所谓的“322 工程”就是当时人们秘称的“海上胡志明小道”。而这个“海上胡志明小道”将防城推到了冷战时期的风口浪尖，防城成了战争的前沿。经过几年的秘密施工，1972 年 6 月的一天，已经粗具规模并做好随时投入使用的防城港迎来了一批神秘的越南人，他们仔细察看了防城港之后，与中国政府商定开辟一条援助越南的海上运输的隐蔽航线，避开美国的水雷封锁线，把中国援助的粮食、武器、服装等物资运送到越南，同时还在防城建设一个 3000 吨的码头和油库，通过海上管道给越南输送燃油。1972 年 7 月 25 日，中越两国正式签订协议书，8 月 1 日，防城作为“海上胡志明小道”起点正式使用。

截至越战结束，这一条“海上胡志明小道”几乎都在夜幕降临后悄悄起航，在夜色的海面上，风雨无阻地运送了一船船“同志加兄弟”的友情，给中越关系史留下了浓重的一笔。在祖国建设时期，人们也许还不太知晓壮族人民仍在支持着邻国的战斗的硝烟中。历史就是这样，一时是远处，一时是近处。

千百年来，战争是历史的一部分，壮乡的日常生活被许多人依然认为是山里人的生活。

是的，在地理上，壮乡是封闭的，但正是得益于地理的边缘，才使得壮乡哪怕在国门紧闭的清代，南去的道路也一直通畅无阻。这是一条与横穿西域的丝绸之路同时代并有同样意义的路，所不同的是当北方陆路的时代告终以后，中国南方的商旅仍然保持着东西方之间的联系，不知多少谋生者把梦想与追求托付在这条路上，或落脚异国或飘摇他乡，最终上岸。

改革开放的中国需要和平稳定的国际环境，特别是与周边邻国的友好关系。20 世纪 90 年代，中国和东盟不断进行密切对话，双方为建立持久稳定的伙伴关系进行了不懈的努力。

如今，没有了水雷，没有了硝烟，没有了苦难的岸，已在眼前。

广西壮族自治区成立 50 多年来，在党的民族政策的光辉照耀下，壮族人民艰苦创业，取得了经济、社会发展的辉煌成就。2007 年与 1958 年相比，全自治区生产总值翻了 5 番，人均生产总值翻了 4 番，财政收入翻了 2 番，人均财政收入翻了 6 番。如今，中国第一个重要的国际区域经济合作区——广西北部湾经济区靓妆登场。所有的壮族人共同见证这一重大的历史事件。

这个美丽的海湾能吸引全世界的目光，是历史发展的必然抉择。

风向东南亚。

2006 年 10 月 31 日上午，中国和东盟 10 国领导人齐聚素有“中国绿城”之称、北部湾畔美丽的城市——广西首府南宁，出席中国—东盟建立对话关系 15 周年纪念峰会和第三届中国—东盟博览会。

东盟博览会

上午9点33分，11名壮族姑娘走到台上，将手上的珍珠敬献给了11国领导人。这11名姑娘的年龄都是15岁，象征着中国和东盟各国的友好合作走过了15载历程，正青春焕发、朝气蓬勃。

2006年是“中国—东盟友好合作年”。15周年友好合作不断升华，使北部湾风生水起，它给中国，给壮乡与东盟各国带来了前所未有的发展新机遇。

壮族人在孜孜不倦地学习，手中的书本多了许多异域文明的优异结晶；壮族人仍在传唱刘三姐，歌唱的背景悄然从漓江渔火变换为瑰丽奇幻的海洋潮汐。

如今的壮族人已不是传统的山里人。

比如天等的壮族人。

在北京、上海、深圳等城市街头，常常可以见到挂着“桂林米粉”招牌的店面，以原汁原沫的桂林风味吸引着城市里的“爱吃一族”。然而，这些正宗的“桂林米粉”店，绝大部分不是桂林人开的，而是广西天等县的外出务工人员开的。

天等县位于崇左市，壮语为“石头耸立的地方”，为典型的大石山区，自然条件恶劣。穷则思变，天等壮族人“不等、不靠”，凭着自强自立的精神，实现了“困境突围”，天等壮族人的“桂林米粉”就是其成功创业的缩影。

天等壮族人在20世纪90年代中后期开始走出广西，先是在深圳创业，后来闯到上海，2004年后大举进入北京，目前在全国各大城市经营的米粉店达1500多家，总投资30多亿元，安排就业2万多人，形成了独具特色的天等版“桂林米粉”。

“我们天等是贫困县，如果等天吃饭，老百姓只能受穷。天等版的桂林米粉将天等人的吃苦耐劳、敢想敢拼精神与桂林米粉的独特风味相结合，加以改良创新，形成了独到的品牌。”天等壮族人如是说。

在政府的支持下，天等外出务工人员闯出的名堂已经不只是天等版“桂林米粉”。在天等，外出务工人员培训成了政府重要的“民生工程”，仅2010年一年，天等县就举办了42期培训班，培训厨师、家政工等3000多人。目前，天等的外出务工人员已经形成了“一乡一个品牌，一镇一个行业”。

走出去，也是壮族人生活方式的改变，许多人开始了从山到海的生活。

随着国家西部大开发的不断深入，广西加快投资环境基础设施建设，加紧机遇承接东部产业转移，为壮乡的发展创造了良好的软性环境。

与此同时，新生的北部湾经济区具有明显的政策优势。

《北部湾规划》指出，国家将对北部湾经济区实行五大政策支持：

——推进行政管理体制、市场体系、土地管理制度等综合配套改革；

北部湾渔港

——在有关规划、重大项目布局及项目审批、核准、备案等方面给予支持；

——在符合条件的地区设立保税港区、综合保税区和保税物流中心；

——支持在北部湾地区设立地方性银行；

——支持北部湾经济区发挥开放合作示范作用，推动泛北部湾经济合作成为中国—东盟合作框架下新的次区域合作。

在国家确立北部湾经济区后，处在泛珠三角经济发达地区和东盟经济圈东部、海上东盟和陆上东盟的联结交汇点的广西，不仅扩大了参与区域合作的地域空间，拓展了与周边地区的产业合作领域，还进一步确立了其沟通南宁—新加坡经济走廊与大湄公河次区域、泛北部湾区域大通道的战略地位。

在北部湾经济区内，打造相互配套呼应、服务多区域的物流中心，加强与经济区内各市的产业对接：围绕沿海大型港口和钢铁工业发展的需要，大力发展锰加工业；围绕利用沿海大炼油及西南铝工业基地的建设，生产铝型材；将沿海林浆纸一体化项目建设与本市林业基地和蔗渣文化纸有机结合起来，积极发展配套产业，巩固提升制糖业；围绕广西北部湾经济区基础设施建设大会战的需要，加快水泥建材业的发展，鼓励和引导水泥建材企业到越南等东南亚国家开拓市场。以现有的糖、锰优势产业为基础，打造产业集群，初步形成了辐射全国和越、老、柬、泰等东盟国家的红木家具、五金机电、纺织服装、水果蔬菜、中草药、矿产品市场等六大贸易集散中心。

今天的壮乡，正承载起新时期一个崭新的期望。

跟全国很多地方一样，2011 年春节前后，一场热火朝天的招工大战在南宁火车站和长途汽车站展开。许多刚落户壮乡的大型企业，也与各市劳动部门一起，加入到这场抢人大战之中。

广西的劳动力供应并不少。人口 5000 万的广西，曾经以农业区著称，总人口中至少有超过 3/4 的人口都是农民，成为一个巨大的劳动力蓄水池。

在广西的壮族人口中，目前大概有五成农民都外出打工，但劳动力市场仍然捉襟见肘。近几年来，随着城镇户籍制度和农民进城政策的进一步放开，城市化速度明显加快，给人们提供了更多的就业岗位。越来越多有知识、技术的人才向城市流进，城市人口大幅度增加。1986～2000 年，百色壮族人口由 19.78 万人增加到 24.43 万人，河池市由 19.45 万人增加到 21.93 万人。壮族人口分布较少的桂林市也由 1.23 万人增加到 21.69 万人。玉林市也由 1.11 万人增加到 4.61 万人。另一方面是城市市辖区行政区划的调整也引起人口的增加。南宁市行政区划调整后，市区面积增大了两倍多，市区人口增加了 2/3。南宁市壮族人口由原来的 29.00 万人，猛增到 188.90 万人。柳州市行政区划调整后壮族人口也由 8.26 万人增加到 85.52 万人。市区面积的扩大和人口的增加，进一步扩大了市区的发展空间和腹地，这非常有利于形成城市带动农村、工业促进农业的良性机制，有利于推进工业化和城市化的协调发展，有利于统筹城乡发展，实现人与自然的和谐，为贯彻落实科学发展观创造更加有利的条件。

这与壮乡今天的发展有关，与国家的西部大开发有关，与壮族人自身从山到海的观念转变有关。

这些发展正永远改变了红土地上的山与水，改变了红土地上壮族人的生活。

山是壮族的根，水是壮族流动的生命。

今天的壮族沿着自己的河流走向了大海，这当中有着漫长的记忆。

这些记忆记录了历代壮族人从山到海的人生阅历，寄托着对故乡的情怀，甚至是中国历史与世界历史密切联系的见证。

时代在变迁，壮乡正改变着自己的名词。30 年前的落后地方，30 年后嬗变成了一个盎然生机的区域，一个连接东盟的国际经济桥头堡，正亮相于国际航程的舞台。

今日壮乡的港口，集装箱像积木，一块块长方形的红色、黄色、灰色、绿色的大积木。走进壮乡的岸就好像走进一个彩色的积木世界。

人们用这些彩色的积木搭建成了世界的集装箱时代。

好像整个世界都可以装进集装箱里。

世界船王包玉刚说过一句话："一个深水港就像一家大银行。"今天，衬托北部湾背景的是流光溢彩的霓虹，一幅充满闲情逸致的画面。壮乡在人类文明史的演进过程中，其间天旋地转，已不可同日而语，就像那条长长的跨海大桥——连接着过去与未来。

如果说，壮族曾经走过那个田园牧歌式的时代："两江合流抱邕管，暮冬气候三春暖。家家榕树青不凋，桃李乱开野花满。"

那么，壮乡现在正身处一个开放发展的时代，同时也处在一个不断拾捡现代化进程中流失的非物质文化遗产的时代，创造与传承同等重要。

壮族和各民族的同胞的精神穿梭和物的集散，壮乡变得流畅起来，给这座充满活力的边疆地区带来一个充满希望的岸。凡是和谐的岸，都是富有的，金色的……

参考文献

1. 广西壮族自治区编辑组. 广西壮族社会历史调查（第 1 册）. 南宁：广西民族出版社，1984.

2. 广西壮族自治区编辑组. 广西壮族社会历史调查（第 2 册）. 南宁：广西民族出版社，1984.

3. 广西壮族自治区编辑组. 广西壮族社会历史调查（第 3 册）. 南宁：广西民族出版社，1985.

4. 广西壮族自治区编辑组. 广西壮族社会历史调查（第 4 册）. 南宁：广西民族出版社，1985.

5. 广西壮族自治区编辑组. 广西壮族社会历史调查（第 5 册）. 南宁：广西民族出版社，1985.

6. 广西壮族自治区编辑组. 广西壮族社会历史调查（第 6 册）. 南宁：广西民族出版社，1986.

7. 广西壮族自治区编辑组. 广西壮族社会历史调查（第 7 册）. 南宁：广西民族出版社，1987.

8. 张声震. 壮族通史. 北京：民族出版社，1997.

9. 梁庭望. 壮族文化概论. 南宁：广西教育出版社，2000.

10. 覃乃昌. 壮族稻作农业史. 南宁：广西民族出版社，1997.

11. 覃彩銮. 壮族干栏文化. 南宁：广西民族出版社，1998.

12. 广西民族研究所. 广西民族历史与文化研究（第三辑）. 南宁：广西人民出版社，1989.

13. 梁庭望. 壮族风俗志. 北京：中央民族学院出版社，1987.

14. 廖文新，赵思林. 广西自然地理知识. 南宁：广西人民出版社，1978.

15. 刘锡蕃．岭表纪蛮．商务印书馆，1932.

16. 徐松万．粤江流域人民史．中华书局，1938.

17. 蒋炳钊等．百越民族文化．上海：学林出版社，1988.

18. 编辑组．壮族民间故事集．上海：上海人民出版社，1984.

19. 蒋廷瑜．铜鼓史话．北京，文物出版社，1982.

20. 许家康，冯艺等．广西大百科全书．北京：中国大百科出版社，2008.